Thomas Samhaber | Brigitte Temper-Samhaber

111 Orte in Südböhmen, die man gesehen haben muss

Mit Fotografien von Karin und Gerhard Schulz

111

emons:

Bibliografische Information der Deutschen Nationalbibliothek
Die Deutsche Nationalbibliothek verzeichnet diese Publikation in der Deutschen Nationalbibliografie; detaillierte bibliografische Daten sind im Internet über http://dnb.d-nb.de abrufbar.

MIX
Papier | Fördert gute Waldnutzung
FSC® C083411

Gestaltung: Eva Kraskes, nach einem Konzept von Lübbeke | Naumann | Thoben
Kartografie: altancicek.design, www.altancicek.de
Kartenbasisinformationen aus Openstreetmap,

Druck und Bindung: CPI – Clausen & Bosse, Leck
Printed in Germany 2023
ISBN 978-3-7408-1742-8

Vorwort

Südböhmen ist eine Region zum Verlieben. Und das aus mehr als 111 Gründen. Beim Schreiben dieses Buches konnten wir aus dem Vollen schöpfen, in der Schatzkiste dieser zauberhaften Region stöbern und echte Schmuckstücke für Sie ans Licht holen. Die Auswahl fiel bei so vielen Juwelen oft gar nicht leicht, aber wir haben uns bemüht und dabei noch vieles aufgespart – für Ihre ganz persönliche Entdeckung!

Was macht den einzigartigen Zauber dieser Gegend aus? Die eindrucksvolle Natur, die lange Geschichte, die unzähligen Kunstschätze, die bunten Bauernhöfe, Schlösser und Handwerkshäuser, das köstliche Essen, das beste Bier der Welt? Oder die oft südlich anmutende, etwas leichtere Lebensart mit dem typisch böhmischen Witz? Diese uralte Region präsentiert sich jung, frisch, originell und voller Optimismus, denn Südböhmen ist die perfekte Harmonie von Unterschiedlichkeiten. Womit wir wieder bei einer schönen Definition von Liebe angelangt wären.

Wir durften dieses Buch als Paar schreiben, manche Orte werden vielleicht eher von einer weiblichen, andere von einer männlichen Seite betrachtet. Zudem hatten wir das Glück, dass sich unsere Fotografen-Freunde Karin und Gerhard mit in das Reiseabenteuer gestürzt haben. Lange Fahrten, schmale Wege, hohe Berge, viele Stufen, tiefe Keller – sie gaben alles für das eine, richtige Foto. Südböhmen ist stolz auf sich selbst, und man spürt: Das wäre auch ohne ausländische Touristen so. Aber man darf hier als willkommener Gast mitleben, staunen und genießen. Am besten mit diesem Buch in der Hand.

PS: Südböhmen wurde seit dem Mittelalter nicht nur tschechisch, sondern maßgeblich auch deutsch geprägt. Daher verwenden wir im historischen Kontext manchmal die deutschen Namen, vorwiegend aber die tschechischen, wie sie auf aktuellen Landkarten zu finden sind. Am Ende des Buches finden Sie ein Glossar der Ortsnamen, eine durchaus poetische Liste.

111 Orte

1 Die Lainsitzbrücke

Ein Regenbogen aus Stahl und Beton

1922 war die Kreisverwaltung Südböhmens auf der Suche nach einer Lösung, um den immer stärker werdenden Bahnverkehr in neue Bahnen zu lenken. Ab1903 fuhr die erste elektrifizierte Eisenbahn Österreich-Ungarns im regelmäßigen Betrieb von Bechyně nach Tábor. Der Bahnhof befand sich auf der anderen Seite der Lužnice – Fahrgäste und Waren mussten also mit dem Fuhrwerk aus der oder in die Stadt gebracht werden. Die mögliche Verlängerung der Schienen bis ins Stadtzentrum und der geologische Vorteil des hier sehr schmalen Flusstales führten zur Entscheidung, die neue Eisenbahnbrücke bei Bechyně zu bauen.

Im September 1924 wurde der Ingenieur Dr. Eduard Viktora mit dem Projekt betraut. Nach nur einem Jahr Planungszeit konnten die Bauarbeiten beginnen. Die heimische Firma »Hlava und Dr. Kratochvil« machten sich mit tschechischen Technikern und Handwerkern an die Arbeit, die dabei ihre Fertigkeiten beweisen konnten. Bis heute staunt man über die Geschwindigkeit: Vom Auftrag 1925 bis zur Fertigstellung 1928 waren nur drei Jahre vergangen.

Auf der Baustelle arbeiteten 400 Personen, darunter 14 Monteure und Maschinenbauer, 17 Schmiede und Schlosser, 56 Zimmerleute und Wagner, 30 Maurer und Betonarbeiter. Wie durch ein Wunder kam es bei der gefährlichen Arbeit in schwindelerregender Höhe weder zu schweren Verletzungen noch zu Todesfällen.

Die Brücke für den Straßen- und Schienenverkehr wurde 40 Meter über dem Fluss errichtet. Sie ist 225 Meter lang und neun Meter breit. Für den Bau wurde aus 2.200 Kubikmetern Holz ein einzigartiger Ring gefertigt. Der Beton musste nicht von weit her transportiert werden. Er wurde aus dem Flusssand der Lužnice und dem Schotter aus dem nahen Steinbruch Čermák hergestellt. Der gewagte Bogen der Brücke über das tiefe Tal des Flusses Lužnice wird im Volksmund »Bechyňská duha« – also »Bechinger Regenbogen« – genannt.

Adresse Bechyňská duha, 39165 Bechyně, GPS: 49.2963398, 14.4804364 | ÖPNV Zugfahrt auf der Originalstrecke von 1928 von Tábor nach Bechyně (knapp 50 Minuten) tagsüber alle zwei Stunden, an Werktagen morgens und abends stündlich | Anfahrt von Bechyně-Zentrum auf der 122 nach Süden | Tipp Im Stadtmuseum Bechyně findet sich unter anderem eine Fotodokumentation über den Bau der Stahlbetonbrücke (www.mestobechyne.cz).

2 Die Villa Elektra

Modern seit über 100 Jahren

Das Ehepaar Leopold und Emilia Wallisch hätte sich wohl keinen schöneren Ort für den Bau ihrer Villa wählen können als den malerischsten Platz in der malerischen Stadt Bechyně. Hoch über dem Zusammenfluss der Lužnice und der Smutná, in unmittelbarer Nähe vieler Natur- und Kulturschönheiten, thront sie über der Stadt. Und sie hätten auch keinen besseren Architekten und Baumeister finden können als den Prager Antonín Belada, einen Vertreter des späten Jugendstils und des Kubismus, einer nur in Tschechien ausgebildeten Architekturform der Moderne.

Diese Villa war mit allem denkbaren Komfort ausgestattet und 1911 das modernste Gebäude weit und breit. Von den Terrassen konnte man in das beliebte Strandbad an der Lainsitz hinabsteigen, ohne die Stadt durchqueren zu müssen. In den 1930er Jahren, als man in der selbstbewussten und aufstrebenden Tschechoslowakei besonders mondän lebte, wurde die Villa zu einem Hotel für »Reich und Schön«. Der Architekt war so begeistert von der Lainsitz und dem Gelingen seines Objektes, dass er auch die eigene Familienvilla an dem schönen Fluss in Planá nad Lužnicí erbauen ließ.

Die wechselvolle Geschichte dieser Region wirkte sich jedoch auch auf die Villa Elektra aus. Nach der Enteignung wurde sie zum staatlichen Jugendheim, das übrigens auch von Karel Kryl, dem später sehr populären Protestsänger und Regimekritiker, besucht wurde. In den 1990er Jahren war sie ein »Haus der Kinder und Jugendlichen«, bevor man sie an die Besitzerfamilie restituierte. Es folgten zehn Jahre Verfall und schließlich der Verkauf und der Wiederaufbau.

Mit Liebe zum Detail, profundem Wissen und viel Geschmack haben die heutigen Inhaber die Villa Elektra wieder zu dem Schmuckstück gemacht, das sie einmal war. Mit dem Unterschied, dass sie heute nicht mehr der Elite vorbehalten ist. Nun ist es jedem möglich, hier zu wohnen – und sei es nur für ein paar Nächte als Gast.

Adresse Penzion Elektra, Parkány 537, 39165 Bechyně, www.penzionelektra.cz | **ÖPNV** Franz-Josefs-Bahn nach Bechyně, vom Bahnhof 200 Meter auf der Tyršova, dann 550 Meter auf der Libušina (135) und links in die Parkány | **Anfahrt** von Týn nad Vltavou auf der 122 Richtung Bechyně, über die Lainsitz, links in die 135, nach 550 Metern wieder links in die Parkány | **Tipp** Ein Spaziergang durch Bechyně, vorbei am gotischen Speicher, den alten Wehrtürmen, dem Renaissanceschloss und der Maria-Himmelfahrt-Klosterkirche mit ihrem beeindruckenden Kreuzgang und Diamantgewölbe, lohnt sich immer.

3 Der Žofínsky-Urwald

Natur sich selbst überlassen

»Ideelle Verherrlichung des empirisch erfassten Naturlebens«, so lautet der Titel des Werkes des Universalgelehrten und Grafen Georg Franz August von Buquoy. Er hatte in Wien und Prag studiert und das durchaus mit heißem Bemühen. Mathematik, Physik, Chemie, Technik, Anatomie, Botanik, Zoologie, Philosophie und Nationalökonomie. Nach dem Tod seines Onkels erbte er als 22-Jähriger 1803 die Herrschaft Gratzen. Nun versuchte er, vieles von seinem Wissen in der Praxis anzuwenden. Er verbesserte die Administration und den Maschinenpark, setzte als erster Gutsbesitzer eine Dampfmaschine ein, die er sogar selbst gebaut hatte. Die Erzeugnisse aus seinen Glashütten, darunter das von ihm erfundene Hyalitglas, gelangten zu Weltruhm. Als Nationalökonom verfasste er mehrere Schriften, befürwortete die Kleinwirtschaft im Landbau, erkannte die wirtschaftlichen Grenzen intensiver Bodennutzung und schlug die Einführung von Papiergeld vor. Als Botaniker und Naturphilosoph korrespondierte er mit Johann Wolfgang von Goethe und anderen Gelehrten seiner Zeit.

Eine besondere Leistung war aber sein gezieltes Nichtstun. Der Umtriebige entdeckte bei einer Inspektionsreise zu den Quellen des Flusses Lužnice die unberührten Waldabschnitte und war so beeindruckt, dass er das Gebiet künftig vor jedem menschlichen Eingriff – auch seinem eigenen – bewahren wollte. Mit einem Sondererlass vom 28. August 1838 erklärte er die Žofínsky-Wälder zum Naturreservat. Es war das erste in Europa.

Das Gebiet umfasst etwa 100 Hektar, ist eingezäunt und seit fast 200 Jahren völlig sich selbst überlassen. Kein umgestürzter Baum darf entfernt werden, kein Lebewesen gejagt, nicht einmal der Borkenkäfer. Nur im Zuge von Führungen darf man einen der letzten Urwälder Europas betreten. Ein Blick hinein ist möglich, denn ein Wanderweg führt teilweise an seinem Zaun entlang. Gehen, staunen und nichts tun ist hier die Devise.

Adresse Žofínsky, 38283 Pohorská Ves, GPS: 48.671220, 14.707032 | **Anfahrt** von Benešov nad Černou auf der 154, kleine Straße 9,2 Kilometer in südöstliche Richtung zum Gasthaus »Žofín« nehmen, dort Weg in südöstlicher Richtung zum versperrten Eingangsportal des Urwalds einschlagen | **Tipp** Das ehemalige Forsthaus gehörte zum nicht mehr erhaltenen Schloss und wird nun Sofienschlössl oder liebevoll »Žofín« genannt. Es war ein beliebtes Ausflugslokal für Radfahrer und Wanderer, wird derzeit aber nur noch als sehr nette Pension betrieben (Pohorská Ves 24).

4 Der Moorlehrpfad

Der CO_2-Killer, der uns atmen lässt

Die Geschichte der Moore und Sümpfe in Südböhmen begann vor ungefähr 10.000 Jahren, als sich in durch Gletscher entstandenen Mulden im harten Granit Regenwasser sammelte. Pflanzenreste und unterschiedliche klimatische Bedingungen taten den Rest, um den Torfboden circa einen Zentimeter im Jahr wachsen zu lassen. Es entstanden eine Fauna und Flora, die sich an die schwierigen Lebensbedingungen anpassten und nur in diesen Gebieten ihren Lebensraum finden. Pflanzen wie etwa der hübsche Sonnentau oder Tiere wie der witzige Hochmoorlaufkäfer.

Solche Torfgebiete sind für unser Klima extrem wichtig. Sie binden Kohlendioxid aus der Atmosphäre, sorgen für einen gut funktionierenden regionalen Wasserhaushalt und dämmen Überschwemmungen ein. Weltweit wird nun vermehrt auf diese Naturflächen geachtet, immer mehr Renaturierungsprojekte entstehen. Das Wasser wird mit sogenannten Wiederverwässerungsmaßnahmen am Abfließen gehindert. Das Borkovice-Torfmoor ist ein derartiges Naturschutzgebiet, in dem sehr genau auf den Wasserhaushalt geachtet wird, um die selten gewordene Pflanzen- und Tierwelt sowie unsere Atemluft zu schützen.

Ein fünfeinhalb Kilometer langer Lehrpfad führt durch das Torfmoor, für die Wanderung sollte man sich ungefähr zwei Stunden Zeit nehmen. An 30 Rastplätzen findet man Sitzgelegenheiten zum Relaxen und um die mitgebrachte Jause zu genießen. Hier wurden auch informative Tafeln angebracht, durch die man viel über die einzigartige Natur und über die Gewinnung und Verwendung des Torfes in vergangenen Zeiten erfährt.

Das Moorgebiet ist zu jeder Jahreszeit unglaublich faszinierend. Im Winter begeistert die Stille der Natur, im Frühling der Duft der Pflanzen, die mit ihren ersten Blüten Schmetterlinge zum Tanzen bringen. Im Sommer ist es die erfrischende Kühle der Birken- und Latschenwälder, und im Herbst leuchten dann die roten Moosbeeren aus dem frischen, saftigen Grün.

Adresse Borkovická blata, 39181 Borkovice, GPS: 49.2261636, 14.6366536 | **Anfahrt** von Veselí nad Lužnicí auf der 147 bis Svini, dann rechts Richtung Borkovice, dem Straßenverlauf folgen und sich dabei links halten, nach 2,4 Kilometern rechts, Parkplatz auf der linken Seite | **Tipp** Die Pension Blasky-Dvůr liegt gleich ums Eck und bietet neben einem wunderbaren Pool auch einen Indoor- und einen Outdoor-Spielplatz (www.blatsky-dvur.eu).

5 Die Borovanský Mlýn

Einst die Mühle des Klosters

Die vielen Mühlen und Hämmer, die einst ihre Mühlräder in der kraftvollen Stropnice versenkten, gaben dem Flüsschen auch seinen Namen. Denn »Stropnice« wird der Balken genannt, auf dem sich die Welle des Mühlrades dreht, um so Energie zu liefern, damit Getreide gemahlen, Eisen geschmiedet oder Holz geschnitten werden kann.

Nach den Hussitenkriegen wurde im Jahr 1455 in Borovany ein Kloster gegründet. Zur Versorgung der hier nun heimischen Augustinermönche wurde eine Mühle an der Stropnice errichtet. 1785 ließ Kaiser Joseph II. im Zuge seiner Reformen das Kloster per Dekret jedoch wieder auflösen und die zugehörigen Liegenschaften veräußern.

Die ehemalige Klostermühle wurde unmittelbar nach der Säkularisierung des Klosters 1785 an die Familie Votruba verkauft. Die Votrubův mlýn war nun nicht nur Getreidemühle, sondern auch Sägewerk. Sie blieb beinahe 200 Jahre lang in Familienbesitz, wurde von Sohn zu Sohn weitervererbt. Nach dem Zweiten Weltkrieg kam ein neues politisches Regime an die Macht, und mit ihm traten Veränderungen der Besitzverhältnisse ein, in deren Folge alle Mühlen unter die Verwaltung der »Gesellschaft der Südböhmischen Mühlen, s.p. České Budějovice« gestellt wurden. Das betraf auch die Votrubův mlýn pod Borovaný.

Nach dem Fall des Eisernen Vorhangs verwandelte der neue Besitzer die Mühle in ein Gasthaus, denn Südböhmen war nicht nur bei Prager Urlaubern gefragt. Anfang 2004 erwarb das Ehepaar Stibor – zuvor waren beide hier als Angestellte beschäftigt – die Pension und schufen ein kleines Paradies mit dem Namen Borovanský Mlýn. Die großen Gaststuben ähneln einem Museum, das an die alte Geschichte des Hauses erinnert. Es gibt auch einen Streichelzoo mit Schafen, Ziegen, Pferden und vielen anderen Tieren. An heißen Sommertagen kann man das Hallenbad benutzen sowie im Teich oder in der Stropnice schwimmen.

Adresse Trocnovska 112, 37312 Borovany | **Anfahrt** vom Hauptplatz von Borovany Richtung Süden, 2. Straße rechts (Trocnovská), nach 1,4 Kilometern links, ein Kilometer bis zur Mühle | **Tipp** Der Dachboden des Kulturhauses in Borovany wird von Geistern und Märchenwesen bewohnt. Der Besuch dieser »Peklománie« lohnt sich (www.borovansko.cz).

6 Die Heidelbeerstadt

Das Blau aus den Wäldern

Die »Blueberry Hills« liegen in Südböhmen. Und die Hauptstadt heißt Borovany. Das ist die verkürzte Version.

Nun etwas ausführlicher: Umgeben von den ausgedehnten Wäldern Böhmens liegt ein weiteres jener malerischen Städtchen, deren Blütezeit in Mittelalter, Renaissance und Barock sich noch heute an der einladenden Architektur ablesen lässt. Was diese Kleinstadt allerdings von allen anderen unterscheidet, sind die Heidelbeeren. Nicht, dass sich diese nicht anderswo auch finden ließen, aber hier hat man sich ganz den blauen Beeren verschrieben. Mit einiger Berechtigung. Denn die Stadt Borovany trägt die »Borůvka« – tschechisch für Heidelbeere – schon in ihrem Namen. Und hier bekommt man alles Mögliche und Unmögliche, was sich aus diesen kleinen Perlen herstellen lässt, von Marmelade, Knödeln und pikanten Soßen bis hin zu Heidelbeerschokolade, Dicksaft, Tee und Kuchen. Geschirrtücher und Keramik, alles trägt hier die kleine sympathische Frucht als Motiv.

Und einmal im Jahr werden die Früchte ein Wochenende lang beim Heidelbeerfest zelebriert, das Tausende Menschen aus ganz Tschechien und Österreich anlockt. Dann wird's besonders bunt, besser gesagt: Heidelbeerblau. Mit allen Spezialitäten, wie zum Beispiel den Langos mit Heidelbeer-Dip. Und – man ist ja schließlich in Südböhmen – natürlich fließt hier dann auch Heidelbeerbier!

Die Germknödel mit Heidelbeersoße sollte man auch nicht verpassen, und wer ganz großen Hunger hat, kann sogar am Knödel-Wettessen teilnehmen, obwohl der Rekord von Ondřej Posejpal mit 33 Heidelbeerknödeln seit 2010 unerreicht und wohl unerreichbar ist. Die Anmeldegebühr kann ebenso wie der Eintritt auch in Form von Heidelbeeren – zum jeweils gültigen Tarif – bezahlt werden. Wer am Ende keine Heidelbeeren mehr sehen und essen kann, für den bietet die Stadt außerdem noch eine Menge weiterer Sehenswürdigkeiten.

Adresse Informační centrum, Žižkovo náměstí 1, 37312 Borovany | ÖPNV Stadtzentrum etwa ein Kilometer vom Bahnhof, zu erreichen über die Nádražní (Bahnhofstraße) oder den kürzeren und schöneren Gehweg durch die Stadt | Anfahrt von Budweis 17 Kilometer auf der 157 über Ledenice Richtung Trhové Sviny, Informationszentrum am alten Hauptplatz gegenüber dem Kloster | Tipp Eine interaktive Ausstellung zur Geschichte der über 150 Jahre alten Kaiser-Franz-Josefs-Bahn, die Böhmen und Österreich verband, gibt es im Kloster.

7 Der Wasserturm

Alles Gute kommt von oben

Eine der ersten Erwähnungen einer Wasserleitung in der näheren Umgebung stammt aus Český Krumlov. 1443 beschwert sich Ulrich II. von Rosenberg beim Stadtrat über den schlechten Zustand des hölzernen Brunnens und der dazugehörigen Leitung. Derart alte Schriften zum Thema Wasserversorgung sind in Borovany bis jetzt jedoch noch nicht aufgetaucht. Der Wasserturm mit seinen 24 Metern Höhe ist aber schon von Weitem sichtbar und ein hervorragendes Beispiel der Architektur der 1930er Jahre in Südböhmen.

Architekt Antonín Parkman – Schüler des Wegbereiters der modernen Architektur Jan Kotěras – entwarf neben dem Komorní-Theater in Prag auch eine Reihe von Wassertürmen im Stil des späten Art nouveau. Der Bau des Turmes wurde im Sommer 1929 in Angriff genommen, am 1. Oktober 1931 war das Projekt Wasserversorgung abgeschlossen.

Die Ästhetik der Nutzbauten, die in dieser Zeit entstanden, wird bei diesem kubistisch anmutenden Bauwerk besonders gut sichtbar: ein Haus auf einem niedrigen, quadratischen Sockel, über das ein prismatischer Turm hinausragt, der in einem leicht hervorspringenden kubischen Tank mit pyramidenförmigem Dach endet. Der Tank ist mit schmalen vertikalen Strukturbändern geschmückt. Der Turm weist auf jeder Seite ein senkrechtes Fensterband auf, die Ränder sind mit hervorstehenden Blenden verziert. Das Dach ist mit Kupferblech gedeckt, auf jeder Seite befindet sich eine Gaube, auf der Spitze thront eine Lüftungslaterne mit Blitzableiter.

Der Turm dient als Hochbehälter zur Zwischenspeicherung des Trinkwassers und ermöglicht einen konstanten Druck im angeschlossenen Leitungsnetz. Wasser wird aus dem unteren Tank von zwei von Elektromotoren angetriebenen Pumpen in den oberen Tank gepumpt und von dort aus verteilt. Der Wasserturm ist nach wie vor in Betrieb und stellt die Wasserversorgung der Orte Ledenice, Radostice und Strážkovice sicher.

Adresse Vodárenská 187, 37312 Borovany, GPS: 48.54109, 14.38290 | **Anfahrt** vom Hauptplatz von Borovany auf der 155 Richtung Norden, Turm nicht zu übersehen | **Tipp** Rund um den Stadtplatz und an der Straße unterhalb der Kirche finden sich Bauernhöfe aus dem 18. und 19. Jahrhundert. Sie ahmen mit ihren architektonischen Elementen Bürgerhäuser nach und machen das Selbstbewusstsein der Bauern sichtbar.

8_Der Zoo

Die weiße Löwin von Timbabati

Wenn man von Borovany aus vier Kilometer in Richtung Trhové Sviny fährt, kann es passieren, dass man plötzlich mitten in Afrika landet. In einem bezaubernden Wald findet sich hier ein Ort, wo sich Leoparden, Flusspferde, Schimpansen und Schlangen Gute Nacht sagen.

Noch bevor der Zoo in Dvorec entstand, züchteten die heutigen Betreiber Reptilien, Wildkatzen und Primaten im nahen Ledenice. Der Wüstenlöwe Kristian mit seinen bildhübschen Kindern war wohl der Auslöser, all die Tiere aus eigener Zucht in einem eigenen, privaten Tiergarten auch für die Öffentlichkeit zugänglich zu machen. Nach dem Ankauf eines Grundstücks und der darauf befindlichen Gebäude in Dvorec im Jahr 2005 wurde mit dem Bau der Gehege begonnen. Zwei Jahre später öffnete der »Park exotischer Tiere« dann seine Tore für alle neugierigen kleinen und großen Gäste.

Mit der Zeit wurden größere Gehege und Lebensräume für Löwen, Tiger, Bären, Flusspferde und kleinere Tiere geschaffen, zudem neue Besucherkonzepte umgesetzt, Platz für Tierpfleger wurde eingerichtet, und auch die Züchtungen wurden vorangetrieben. Heute werden hier hauptsächlich Tiere, die auf dem afrikanischen Kontinent heimisch sind, gezüchtet. Neben den schon erwähnten Löwen haben die Forscher auch große Erfolge mit Leoparden, Flusspferden, Schimpansen, Pavianen, Schildkröten, Gnus, Flughunden und Mungos. Aber es ist nicht nur die Fauna Afrikas, die in dieser zoologischen Einrichtung bewundert werden kann, auch die amerikanische, die asiatische und die europäische Tierwelt hat hier ein Zuhause gefunden.

Bei einer Nachtführung können die nachtaktiven Tiere in ihrer authentisch nachgebildeten Lebenswelt bestaunt werden. Zu den Fütterungszeiten darf man nicht nur beobachten, sondern die Tiere auch selbst mit ihren jeweiligen Lieblings-Leckereien verwöhnen. Das Gelände ist meist flach und für Kinderwagen und Rollstühle gut befahrbar.

Adresse Zoo Dvorec, Dvorec 17, 37312 Borovany | **Anfahrt** von Borovany auf der 157 Richtung Süden | **Öffnungszeiten** April–Aug. täglich 9–18 Uhr, Sept., Okt. täglich 9–17 Uhr, Nov.–März Sa, So, Feiertage 11–16 Uhr | **Tipp** Bei der Rückfahrt können Sie noch einen Abstecher nach Jílovice-Nádraži ins »Muzeum Veteránů« machen: ein ganzes Haus voller Motorräder und Autos aus vergangenen, aber nicht vergessenen Zeiten.

9 Der einäugige Feldherr

Nationalheld und Schreckensgestalt

Wer am Žižkovo Náměstí steht, könnte überall sein: in Prag, Budweis oder Borovany. Denn in fast jeder tschechischen Stadt, die etwas auf sich hält, gibt es einen Platz, der nach dem einäugigen Feldherrn Jan Žižka benannt ist. Er ist einer der tschechischen Nationalhelden, und wie es bei solchen oft der Fall ist, war er in den Nachbarländern weniger beliebt. Für die habsburgischen Österreicher, aber auch die Rosenberger war er der Gottseibeiuns schlechthin.

Er stammte aus Südböhmen, genauer aus Trocnov, noch genauer aus einem kleinen Holz-Stein-Haus. Die Grundmauern des Häuschens werden heute noch stolz gezeigt, gleich neben der in den 1960er Jahren geschaffenen riesigen Steinstatue des Feldherrn. Trocnov ist als Nationales Kulturdenkmal geschützt, eine lebendige Gedenkstätte mit Lehrpfad, an der Feiern, Schaukämpfe und Rockmusik-Konzerte stattfinden.

Wer war dieser Jan Žižka? Der Legende nach wurde er direkt unter einer Eiche geboren. Dieser Baum wurde jahrhundertelang verehrt, bis es einem Pfarrer zu viel wurde und er ihn fällen ließ. Žižka verdingte sich als Söldner, erwarb sich in der Praxis seine militärischen Fähigkeiten. Beim Ersten Fenstersturz in Prag war er maßgeblich beteiligt, kämpfte und siegte gegen weit überlegene königliche Truppen und wurde in Tábor zum Anführer der Hussiten gewählt. Ein Auge hatte er im Kampf bereits verloren, er blieb aber ebenso furchtlos wie gefürchtet und führte seine Hussiten von Sieg zu Sieg. Sogar als er sein zweites Auge eingebüßt hatte, leitete er noch Schlachten, von denen er jede gewann, mit Hilfe seiner neuen Militärtaktik mit den berühmten Wagenburgen sowie der Motivation und Unerbittlichkeit seiner Soldaten. Das ist der Stoff, aus dem Helden gemacht sind. Dass er und seine Leute wahre Gemetzel anrichteten und er auch andere Hussitengruppen bekämpfte, steht auf einem anderen Blatt, sicherlich nicht auf einer Gedenktafel.

Adresse Památník Jana Žižky z Trocnova, 37312 Borovany | **Anfahrt** westlich von Borovany an der A 155 zwischen Ledenice und Strážkovice, Beschilderung nicht zu übersehen | **Tipp** Das skurrilste Denkmal des Feldherrn ist 16 Meter hoch und befindet sich in der Nähe des südböhmischen Dorfes Sudoměř im Bezirk Strakonice zwischen den Teichen Markovec und Šuledý. Einfach nur wundern.

10 Das unvollendete Kloster

Wer fürchtet sich vorm »Schwarzen Mann«?

In der über 500-jährigen Geschichte des Klosters Kuklov gab es vor allem dunkle Zeiten. Die heutigen Tage gehören da schon zu den helleren – auch wenn sich das Gebäude als Ruine präsentiert. Die Steine des Klosters wurden längst für andere Bauwerke verwendet. Die Kirche ist zwar in Umrissen noch vollständig erkennbar, aber das gotische Schiff scheint gestrandet, erhebt sich ohne Dach, im Inneren findet sich eine Wiese statt Pflaster. In den Eingangsportalen fehlen die Türen.

Dabei hatte es so gut angefangen. Die Rosenberg-Brüder, Peter IV. und Ulrich von Rosenberg, unternehmungslustig, gläubig und reich, holten Mönche aus dem Orden der Paulaner, um hier ein Kloster zu gründen. Die frommen Männer, die sich auf den italienischen Einsiedler Franz von Paola beriefen, machten sich 1495 ans Werk. Sie sollten es nie fertigstellen. Schon um 1530 verließen die Klosterbrüder die unvollendete Anlage, die daraufhin allmählich verfiel. 100 Jahre später dürften doch wieder Mönche hier gelebt haben, was man aber nur aus den schrecklichen Berichten von deren Ermordung durch schwedische Truppen weiß. Der fromme Bruder Erazim konnte durch einen Geheimgang fliehen, lebte fortan schwarz gekleidet im tiefen Blanský Wald als Einsiedler. Bekannt als der »Schwarze Mann«, hauste er friedlich mit seinem Reh, bis er eines Winters Opfer wilder Tiere wurde. Dunkle Geschichten, von denen man hofft, es mögen erfundene Sagen sein.

Die unvollendete Kirche erlebt heute nach vielen hundert Jahren wieder fröhliche Zeiten. Ab und zu verirren sich Touristen auf ihrem Weg nach Prachatice hierher, bleiben überrascht stehen, sind vom Anblick überwältigt. Im Sommer wird hier Theater gespielt. Und Brautpaare geben sich in dieser farnbewachsenen heiligen Halle das Jawort und machen den Tag zum schönsten in ihrem Leben. Das ist dann auch sicherlich einer der schönsten im 500-jährigen Leben der Klosterkirche.

Adresse 38206 Brloh 316, Kuklov 320 | Anfahrt von Budweis auf der 143 nach Prachatice, drei Kilometer westlich von Brloh, Parkplatz mit WC direkt neben der Straße, Ruine nur wenige Meter entfernt und nicht zu übersehen | Tipp Zwölf Kilometer westlich, im Ort Ktiš, liegt der bei Familien mit kleinen Kindern besonders beliebte Badeteich Ktišský rybník. Es gibt dort einen Steindamm, Bänke, einen kleinen Parkplatz an einem schönen Sandstrand, und das Wasser ist sehr sauber.

11 Die Pferdeeisenbahn

Mit zwei PS in die moderne Zeit

Das Problem war in der Steinzeit eigentlich schon gelöst. Die Verbindung der Wirtschaftszentren an der Donau und an der Moldau bestand als Fußweg. Jahrhundertelang wurden auf dem »Goldenen Steig« Waren transportiert, die Siedlungen entlang der Strecke wuchsen zu wohlhabenden Kleinstädten heran. Aber die Reise war beschwerlich und dauerte lang.

So hat sich schon Karl IV., seines Zeichens deutscher Kaiser und böhmischer König, den Kopf darüber zerbrochen, wie man die beiden Flüsse mit einem schiffbaren Kanal verbinden könnte. Es sollten aber noch 450 Jahre vergehen, bis der Ingenieur Franz Josef Ritter von Gerstner die Lösung fand: eine von Pferden gezogene Eisenbahn. So etwas gab es auf dem europäischen Festland noch nicht. Gerstners Sohn Franz Anton wurde mit der Aufgabe betraut. Der Junior reiste nach England, um die dort schon etablierten Schienenwege zu studieren, und startete mit der Planung und dem Bau.

Das modernste Verkehrsprojekt der Monarchie begann im Dörfchen Netřebice. Mit Schwierigkeiten, denn Einheimische legten den bis zu 6.000 Bahnarbeitern immer wieder Hindernisse in den Weg. Und das waren nicht die einzigen Hürden. Eine Prüfung hatte man schon vorher bestanden: Kann ein Pferd das Zehnfache an Last über die eisenbeschlagenen Holzschienen schaffen? Im Vergleich zur Straße war es sogar das 13-Fache! Allerdings übertrafen auch die Baukosten die Erwartungen, und die privaten Anleger wurden nervös. Es kam zum Baustopp, schließlich entließ man Gerstner und entschied sich für die billigere Variante von Matthias Schönerer.

Am 21. Juli 1832 fand die Probefahrt auf der Strecke Budweis–Linz statt, in der von Pferden gezogenen Kutsche saß das österreichische Kaiserpaar. Und das war erst der Anfang einer erfolgreichen, wenn auch kurzen Geschichte, denn schon bald sollten die Dampfrösser die böhmischen Pferdchen überholen – und die waren für diese Strecke zu schwer.

Adresse Muzeum koněspřežné dráhy, Bujanov 31, 38241 Bujanov | Anfahrt von Kaplice auf der E 55 2,4 Kilometer Richtung Süden, dann rechts nach Bujanov | Tipp Das kleine Pferdeeisenbahnmuseum ist im ehemaligen Wächterhäuschen neben dem Stationsgebäude untergebracht (Tel. +420/380327091, Mai – Okt. Sa, So).

12 Der Lipno-Stausee

Die Riviera Südböhmens

Als Mitte der 1960er Jahre die Bauarbeiten am Kanaltunnel zwischen Frankreich und England wegen der Ölkrise unterbrochen wurden, veröffentlichte das Regime der ČSSR seinen Plan für den längsten jemals erbauten Tunnel. Man wollte damit zeigen, dass der Kapitalismus im Sterben liegt, der Kommunismus jedoch gerade aufblüht. Die Rede ist von der Untertunnelung der Alpen, von Budweis bis Koper im damaligen Jugoslawien – 345 Kilometer lang. Zum Vergleich: Der Simplon-Tunnel, ein Eisenbahntunnel in der Schweiz, war damals mit 19 Kilometern der längste der Welt.

1995 sollte alles fertig sein und die Zugfahrt von Budweis bis zum begehrten Meerzugang dann gerade mal vier Stunden in Anspruch nehmen. Strenge Passkontrollen hätten dafür gesorgt, dass nur mitfahren durfte, wer auch eine Erlaubnis hatte. Eine Flucht in den Westen wäre unmöglich gewesen, da ja keine Haltestellen zwischen Budweis und Koper geplant waren. Utopie ist Utopie, der Tunnel wurde natürlich nie umgesetzt. Die Sehnsucht nach Urlaub am Meer blieb für die meisten Tschechoslowaken nur ein Traum. Eine Reise nach Jugoslawien war zwar erlaubt, aber nur mit viel Bürokratie und mit noch mehr Verboten. So durfte zum Beispiel die Mutter an die Adria, der Vater musste zu Hause bleiben oder umgekehrt; ein Familienteil blieb gezwungenermaßen als »Pfand« zurück.

Es wundert also nicht, dass der neue, 42 Kilometer lange Lipno-Stausee zum Urlaubsparadies schlechthin wurde. Der größte See der Tschechischen Republik mit seinen 4.650 Hektar Wasserfläche, umrahmt von 120 Kilometer langen Ufern mit Stränden aus hellem Sand, wurde zum geliebten Ersatz. Und hier durfte ja auch die ganze Familie gleichzeitig ihre Ferien verbringen! Man konnte baden, surfen, paddeln, tauchen – und die Coolsten fuhren Wasserski.

Sandstrand, orangefarbene Sonnenuntergänge über den glitzernden Wellen und die pulsierenden Bars schmecken nach Meer und Riviera.

Adresse Veřejná pláž Racek, 38223 Černá v Pošumaví | **Anfahrt** von Český Krumlov auf der 39 nach Südwesten bis Černá v Pošumaví, vor der Brücke in die Uferstraße einbiegen | **Tipp** Bei der Strandbar Racek kann man in der Sonne liegen, schwimmen, einen Cocktail trinken oder sich ein Stand-up-Paddel leihen und seine Bauchmuskeln trainieren.

13 Der Baumeister

Rüstkammer, Kornhaus, Zeughaus, Salzhaus

Am Piaristenplatz steht ein Haus, das nicht zu übersehen ist. Unweigerlich wandert der Blick über die fünf hoch aufragenden Stockwerke bis hinauf zum verspielten Treppengiebel mit seinen Schießscharten. Weit oben an der Fassade findet sich eine Steinplatte mit dem Hinweis auf das Baujahr 1531, darüber zwei aus Stein gemeißelte menschliche Antlitze. Ein drittes Gesicht sieht man weiter unten, ein weiteres unter dem westlichen Giebel. Wen sie darstellen, ist unbekannt. Die Vermutung, dass es sich hier um den Baumeister und seine Gesellen handelt, ist jedoch plausibel. Die ursprünglichen Erbauer waren sie mit Sicherheit nicht, aber sie haben umfangreiche Um- und Aufbauten vorgenommen.

Archäologen entdeckten im Inneren Reste von Steinmauern, den Abdruck einer Holzkonstruktion, einen gestampften Lehmboden und eine große Menge Fett. Welche Funktion das Gebäude einst hatte, lässt sich nicht mehr bestimmen. Gesichert ist hingegen, dass es sich um das älteste Haus mit Stein-Holz-Struktur der Stadt handelt. Anhand von Keramik- und Münzfunden wurde es in die Zeit der Gründung von České Budějovice um 1265 datiert.

Nach dem Ausbau durch die unbekannten Baumeister diente das Gebäude als Rüstkammer, Kornspeicher, städtisches Zeughaus, erst später wurde hier Salz gelagert. Die Öffnungen auf jeder Etage waren für die An- und Auslieferung von Waren vorgesehen, diese wurden mittels Riemenscheiben gezogen oder gesenkt. Neben dem Eingang zum Haupthaus befindet sich das kleine Salzhaus, das einstöckiges Gebäude mit Kreuzgewölbe wurde bis Anfang der 1990er Jahre als Lagerstätte genutzt.

Im Zuge des letzten Umbaus 2017 wurden die beiden Salzhäuser zu einem Restaurant mit Ausstellungsfläche. Von der nahen, eigens errichteten Brauerei ließ der Besitzer eine Rohrleitung unter dem Piaristenplatz hierherführen, um sein Restaurant stets mit gutem Bier versorgen zu können.

Adresse Salzhaus – Solnice, Hroznová 159/23, 37001 České Budějovice | Anfahrt vom Stadtplatz Richtung Westen in die Piaristická, rechts auf die Česká, die 1. Straße links und gleich wieder rechts, an der Kirche vorbei, Salzhaus auf der linken Seite | Tipp Gleich neben dem Salzhaus befindet sich das Dominikanerkloster mit seiner Mariä-Opferung-Kirche. Das Kloster von 1265 ist eine der ältesten und wichtigsten Sehenswürdigkeiten von Budweis.

14 Die Brauerei Budweis

Ein streitbares Getränk

Am 7. Oktober 1885 warfen die Budweiser Braumeister der neuen »Tschechischen Aktienbrauerei« zum ersten Mal Gerste in die Braupfanne und brauten das berühmte Budweiser Bier. Diesem Tag waren jedoch dramatische Ereignisse vorangegangen. Seit mehr als 100 Jahren wurde bereits im Bürgerlichen Brauhaus gebraut. Jetzt wurde es deutschnational geführt. Nationalismus war im 19. Jahrhundert weit verbreitet, und nicht nur die Deutschen spielten diese Karte. Im damals zweisprachigen Böhmen gab es auch viele Tschechen, die keine deutschen Biere in deutschen Lokalen trinken wollten. Aus dieser unbefriedigenden Situation heraus kam es zur Gründung der Tschechischen Aktienbrauerei. Hier wurde nun tschechisches »Budvar« gebraut und getrunken. Ab 1936 nannte man sich »Budvar-Tschechische Aktienbrauerei, Budweis«.

Bier-Streitigkeiten in Budweis sind bereits im 16. Jahrhundert dokumentiert. Zum Beispiel als in der nahen Rudolfstadt eine Brauerei öffnete und die Bannmeile – die Zone, in der das Braurecht einem bestimmten Betrieb gehört – überschritten wurde. Dieser Streit war damals in aller Munde, ebenso wie der Namensstreit um die Marke Budweiser.

Denn seit 1907 ging es den beiden Brauereien, der Budvar-Aktienbrauerei aus Budweis und der Anheuser-Busch im amerikanischen St. Louis, um das Recht, das eigene Bier »Budweiser« nennen zu dürfen. Erst nach mehr als 100 Jahren trafen die Gerichte endlich eine Entscheidung.

Zum Leid aller Budweiser ging das Urteil zugunsten von Anheuser-Busch aus, denn sie brauten nachweislich bereits seit 1876 die Marke Budweiser. Anheuser-Busch ist als Teil des belgischen Konzerns »AB InBev« nun stolzer Besitzer des ehemaligen Bürgerlichen Brauhauses und kocht hier das bekannte Samson. Die »Budějovický Budvar n.p.«, wie sich die Aktienbrauerei jetzt nennt, produziert nach wie vor ihr Budvar-Bier – mehr als eine Million Hektoliter im Jahr.

Adresse Besucherzentrum Budějovický Budvar n.p., Karolíny Světlé 512/4, 37004 České Budějovice, www.budejovickybudvar.cz | Anfahrt von Prag auf der 20 bis Budweis, rechts auf die 3, links auf die Prázska, nach 550 Metern links | Öffnungszeiten täglich 9–17 Uhr, Informationen zu Führungen unter Tel. +420/387705347 | Tipp Auch die Brauerei Samson bietet Führungen an. Vielleicht eine gute Möglichkeit, diese Geschichte aus einem anderen Blickwinkel zu betrachten (www.samson.cz).

15__Das Eissportstadion

Alle auf den kleinen Puck

Eishockey ist der schnellste Mannschaftssport der Welt. Die Spieler flitzen mit bis zu 50 Kilometern pro Stunde über das Eis, der Puck, die kleine Hartgummischeibe, erreicht Spitzengeschwindigkeiten von bis zu 170 Stundenkilometern.

Diese Disziplin, bei der es ganz schön undiszipliniert zugehen kann, ist Teil der tschechischen Identität und Volkssport Nummer eins. Auf manchen Dorfteichen sieht man Kinder in voller Montur ein Spiel austragen, viele Nationalhelden wie Jaroslav Pouzar haben auf einem südböhmischen Teich ihre Karriere begonnen.

Eishockey ist aber auch Politik. Oder Ersatz für Politik. Gerade in Tschechien, wo die Sternstunde des böhmischen Widerstands auf dem Eis stattfand. Nur ein halbes Jahr nachdem die Sowjetunion dem sogenannten »Prager Frühling« mit dem Einmarsch ein jähes und brutales Ende gesetzt hatte, trafen die Nationalteams der UdSSR und der Tschechoslowakei bei der Europameisterschaft in Schweden 1969 aufeinander. Hier, vor den Augen der ganzen Welt, sollte die Revanche für die Okkupation stattfinden. Einmal in der Vorrunde und dann beim entscheidenden zweiten Aufeinandertreffen um Platz drei. Die tschechoslowakischen Spieler trugen den böhmischen Löwen stolz auf ihrem Dress und hatten den roten Stern darüber als Zeichen des Protests überklebt. Ohne freundschaftliches Shakehands stürzte man sich in den Kampf, bei dem es um viel mehr als um die Bronzemedaille ging. Das Spiel wurde zum Freiheitskampf und endete 4:3 für die tschechoslowakische Mannschaft. In den Straßen Prags und im ganzen Land wurde gefeiert und getanzt, Autokorsos mit tschechoslowakischen Fahnen und 25.000 Menschen empfingen die Spieler als Helden, ihre Namen sind bis heute unvergessen.

Damals war die Eissport-Arena in Budweis schon stolze 23 Jahre alt, das zweitälteste Eisstadion nach dem in Prag. Bis heute flitzt und fliegt hier der kleine Puck und bringt die Menschen zum Jubeln.

Adresse Budvar Aréna, Františka Antonína Gerstnera 7/8, 37001 České Budějovice | **ÖPNV** mit Bahn und Bus gut erreichbar, vom Bahnhof Stadtverkehr mit O-Bussen, Eisstadion nur zehn Gehminuten vom Hauptplatz entfernt | **Anfahrt** auf der Straße Františka Antonína Gerstnera vom Platz neben dem Rathaus direkt zum Stadion | **Tipp** Nur wenige Meter entfernt befindet sich das Sommerkino von Budweis. Ein Highlight für alle, die gerade Tschechisch lernen, es bereits können oder einen lauen Abend in unvergleichlicher Atmosphäre verbringen möchten (www.kinohajecek.cz).

16__Das Glockenspiel

Ein Platz findet Anklang

Wenn man um 9, um 12, um 15 oder um 18 Uhr über den einen Hektar großen, beinahe quadratischen Platz Přemysl Otakar II. wandert, muss man unweigerlich den Blick zum Budweiser Rathaus richten. Drei Türme zieren die imposante Fassade des Gebäudes aus dem 16. Jahrhundert, im höchsten Turm verbirgt sich ein Glockenspiel mit 18 Glocken. Es hat ein Gesamtgewicht von 376 Kilogramm und kann 80 unterschiedliche Musikstücke spielen. Passend zur Jahreszeit oder zu Festtagen wie Ostern oder Advent erklingen unterschiedliche Lieder. Das Glockenspiel war im Jahr 1995, zum 730. Jubiläum der Stadtgründung, das erste Mal zu hören. Links und rechts vom Glockenturm stehen am Rathausdach vier imposante Wasserspeier; diese allegorischen Statuen stellen die bürgerlichen Tugenden Gerechtigkeit, Weisheit, Tapferkeit und Güte dar.

Nach einigen Minuten enden die betörenden Klänge und geben den Blick auf den quadratischen, praktisch in allen tschechischen Mathematik-Schulbüchern erwähnten Platz wieder frei. In dessen Mitte befindet sich eines der Budweiser Wahrzeichen, der 17 Meter hohe Samsonbrunnen. Er zeigt vier Atlanten, die eine Muschel tragen, in der Samson den Löwen bezwingt. Einst diente der Brunnen, damals noch ohne Skulptur, der Wasserversorgung der Stadt.

Rund um den Platz reiht sich im geschlossenen Ensemble ein herrliches, mittelalterliches Haus an das andere, alle mit Arkadengängen, in denen sich Geschäfte, Cafés und Restaurants befinden. Die Arkaden waren die Shoppingmall der Renaissance, selbst bei strömendem Regen konnte die Bürgersfrau ihre Erledigungen trockenen Fußes verrichten.

Der berühmte Schwarze Turm ist ebenfalls vom Platz aus zu sehen. Eine Legende erzählt, dass ein Gerippe auf der »Bummerin«, also auf der Glocke, saß und die Totenglocke anstelle des faulen Turmmeisters läutete. Die Bummerin schlägt zur vollen Stunde und ist natürlich auch am Platz deutlich zu hören.

Adresse Náměstí Přemysla Otakara II. 1, České Budějovice 1, 37001 České Budějovice | ÖPNV Züge aus Linz im Stundentakt, vom Bahnhof rechts auf die Nádražní, dann links auf die Lannova třída, ein Kilometer geradeaus | Tipp Wenn sich bei der Überquerung des Platzes Hunger und Durst einstellen: einfach durch die Arkaden laufen und in einem der unzähligen Cafés oder Restaurants einkehren. Sehr empfehlenswert ist die Schwarze Katze, das »Café au Chat Noir« im Haus Nummer 79.

17 Der Musikspielplatz

Klingendes Spiel auf der Sokol-Insel

Bereits im Jahr 1862 entstand in Prag die »Sokol«, der erste Turnerverein der Tschechen. Als Vorbild dienten die antike griechische, aber auch die deutsche Turnbewegung. Das gemeinsame Turnen und Sporteln war verbindend und förderte den Nationalstolz. Die Sportler redeten sich mit »Du« an, was Ende des 19. Jahrhunderts ungewöhnlich war. Jung und Alt trafen sich ein- oder mehrmals in der Woche, um sich gemeinsam körperlich zu ertüchtigen. Der Verein war bereits bei seiner Entstehung politisch motiviert. Aufbauend auf die damaligen demokratischen Ideen lautet sein Motto bis heute: »Paže tužme, vlasti služme« – Die Arme stärken, der Heimat dienen.

Die Vereinigung war sehr erfolgreich, nur wenige Jahre nach der Gründung zählte Sokol bereits weit mehr als 700.000 Mitglieder. Ursprünglich als reiner Sportverein gegründet, kamen mit der Zeit auch kulturelle Angebote hinzu. So entstanden neben Bibliotheken auch eigene Musikgruppen, die die Sportler bei den Aufführungen begleiteten.

1941 wurde die Sokol-Bewegung von den deutschen Machthabern im Protektorat Böhmen und Mähren verboten. Die Sportler gingen in den Untergrund. Erst nach dem Zweiten Weltkrieg konnte sich die Vereinigung erholen und hatte wieder 1,2 Millionen Mitglieder. 1948 wurde die Sokol ein weiteres Mal verboten, diesmal vom kommunistischen Regime sofort nach seiner Machtergreifung. Doch die Bewegung überdauerte, heute sind wieder insgesamt 190.000 Mitglieder eingeschrieben.

Der Musikspielplatz dient der Erinnerung an die musikalische Ausbildung, die junge Menschen bei den Sokol-Musikgruppen erfahren haben. Er liegt direkt auf der Sokol-Insel und ist Teil des »Athletics Sokol Czech Budejovice«, eines Stadions mit Laufbahn und allem, was dazugehört. Von diesem besonderen Platz mit seinen außergewöhnlichen Spielelementen und der ebenso außergewöhnlichen Geschichte sind Kinder kaum wieder wegzubekommen.

Adresse Sokolský ostrov 462/1, České Budějovice 1, 37001 České Budějovice | Anfahrt vom Stadtplatz Richtung Nordwesten, 2. Gasse links, der Hroznová über die Brücke zur Sokol-Insel folgen, links auf der Flusspromenade bis zum Spielplatz | Tipp Die Sokol-Insel ist auch ein Veranstaltungsort. Im Sommer findet auf einer Wasserbühne das Festival »Múzy na vodě« (Musen am Wasser) statt (www.c-budejovice.cz).

18__Der Pavillon T

So spannend kann Holz sein

Von der einen Seite sieht das Gebäude wie ein gestrandetes Flugzeug aus, von der anderen wie der metallene Unterschlupf von Außerirdischen und von der dritten wie ein Luxus-Wellnesszentrum. Und so sollte es auch sein: vielseitig. Das war die Vorgabe der Budweiser Messeleitung, der Výstaviště České Budějovice, für den Architekturwettbewerb: eine neue, überdimensionierte Messehalle zu schaffen, die den verschiedensten Ansprüchen gerecht wird. Die renommierte Architektengruppe »Atelier 8000« löste die Aufgabe, wie schon bei anderen Projekten, mit Bravour.

Das moderne Messegebäude, das nun links der Moldau aus dem Vorstadtumfeld hervorsticht, besteht im Kern aus einer bogenförmigen Holzkonstruktion. Man wollte mit dieser Kreation die Einsatzfähigkeit von Holz auch für große Bauwerke unter Beweis stellen und gewann damit sogar einen österreichischen Holzbaupreis. Die Leimbinder haben eine Spannweite von 48 Metern, die Halle misst 150 Meter und ist am höchsten Punkt über elf Meter hoch. 650 Kubikmeter Holz wurden dafür verbaut. Von der Planung bis zur Fertigstellung schaffte man es in nur zwei Jahren. Auch das nächste Projekt, der Komplettumbau des Nationalpavillons Z, bei dem seine ursprüngliche minimalistische Schönheit wiederhergestellt werden sollte, konnte in weniger zwei Jahren realisiert und 2021 fertiggestellt werden.

Die zwei Architekturjuwele unterstreichen die enorme Bedeutung von Budweis, wo beispielsweise die in den 1970er Jahren gegründete Landwirtschaftsmesse mit dem Namen »Nährmutter Erde – *Země živitelka*« zur meistbesuchten Messe in ganz Tschechien wurde, die auch heute noch ein Publikumsmagnet ist. Dann wird jeder Quadratmeter der schönen Architektur gebraucht. In der messefreien Zeit verwandelt sich der Pavillon Z in ein Konzerthaus. Eröffnet hat die Südböhmische Kammerphilharmonie, aber auch Rockkonzerte sind geplant. Vielseitigkeit ist eben angesagt.

Adresse Pavillon T, Husova třída 523, 37005 České Budějovice, www.vcb.cz | **ÖPNV** Budweis mit dem Zug sehr gut erreichbar, vom Bahnhof Bus 3 (Haltestelle bei Mercury) zum Messezentrum | **Anfahrt** Messezentrum gut ausgeschildert, vor Ort großer Parkplatz | **Tipp** Das Freizeitzentrum Jump Family, ein Paradies für alle, die sich gern bewegen, hochspringen, fliegen und wieder sanft landen wollen, befindet sich ganz in der Nähe. Vom Trampolin bis zum Schaumgummiwürfelbad ist für alle etwas dabei (www.jumpfamily.cz).

19 Das Planetarium

Ein Asteroid mit dem Namen Budweis

Schon um 1900 gab es in der Tschechoslowakei, vor allem in Budweis, viele Menschen, die ihren Blick nicht vom Nachthimmel wenden konnten. Sie schlossen sich 1928 zur Südböhmischen Astronomischen Gesellschaft J.A.S. zusammen, sammelten finanzielle Mittel und erbauten die Budweiser Sternwarte, die 1937 eingeweiht wurde. Sie ist die zweitälteste Sternwarte Tschechiens, die der breiten Öffentlichkeit zugänglich ist. Die J.A.S. organisierte von Beginn an Vorträge sowie Beobachtungen und Lehrveranstaltungen für interessierte Besucher. Die Mitglieder verbrachten viel Zeit mit der Erforschung von Planeten, Meteoriten und Asteroiden. Sie wirkten an der internationalen Astrografie, der Kartierung der Gestirne nach ihrer Verteilung, der gegenseitigen Stellung am Himmel sowie der Eigentümlichkeiten wie Gestalt und Farbe, mit. Die Sternwarte operierte bis in die 1950er Jahre auf Amateurbasis, wurde also ohne bezahlte Mitarbeiter betrieben.

Nach der Verstaatlichung wurde die Sternwarte durch ein Planetarium und einen Kinosaal ergänzt. Heute ist sie ein Ort der internationalen astronomischen Forschung. Der Bildungsauftrag wird sehr ernst genommen, und gerade jungen Menschen werden die Astronomie und ihre verwandten Wissenschaften hier nähergebracht.

Die Kuppel hat einen Durchmesser von fünf Metern und ist unter anderem mit einem Cassegrain-Spiegelteleskop ausgestattet. Im Planetarium kann man Projektionen von über 5.000 Sternen, Sonnen, Monde, alle Planeten von Merkur bis Saturn und die Milchstraße bestaunen.

Die Sternwarte und das Planetarium von Budweis sind zusammen mit der Zweigstelle, dem Kleť-Observatorium, das einzige professionelle astronomische Institut in der Region Südböhmen. Mehr als 500 Asteroiden wurden hier bereits entdeckt. Einer dieser Asteroiden wurde »Südböhmen« genannt (Seriennummer 21257), ein anderer (Seriennummer 11134) trägt den Namen der Stadt: »Budweis«.

Adresse Hvězdárna a planetárium České Budějovice, s pobočkou na Kleti, Zátkovo nábřeží 4, 37001 České Budějovice | Anfahrt Stadtplatz Richtung Südwesten auf der Biskupská verlassen, über die Brücke, gleich wieder rechts, am Café Háječek vorbei | Öffnungszeiten Mo–Fr 8–15.30 Uhr; Eintritt nur in der heimischen Währung und in bar bezahlbar | Tipp Nach dem Blick in die Sterne lohnt sich ein Spaziergang durch den Botanischen Garten, der in den 1930er Jahren rund um das Observatorium angelegt wurde.

20 Der Rabensteiner Turm

Schießpulver, Gauner und tiefer Keller

Am Zusammenfluss von Moldau und Maltsch gründete König Přemysl Otakar II. 1265 die Stadt Budweis. Burggraf Hirzo plante die Stadt auf dem Reißbrett auf geniale Weise. Er zeichnete den Grundriss schachbrettartig, ausgehend vom 133 mal 137 Meter großen Stadtplatz, an den sich Bürgerhäuser, Läden, Kirchen und Prunkbauten reihten. Noch bevor dic Stadt fertiggestellt war, galt sie bereits als eines der bedeutendsten politischen und wirtschaftlichen Zentren Südböhmens. Durch das Silberbergwerk im nahen Rudolfov kamen die Stadt und ihre Bürger zu großem Reichtum. Umgeben war Budweis damals von einer Burgmauer mit mehreren Türmen und drei Eingangstoren.

Der viergeschossige Rabensburger Turm – Rabštejnská věž – überdauerte als einer von zwei Wehrtürmen die Zeitenstürme und zählt heute zu den ältesten Bauwerken der Stadt. Ab dem 14. Jahrhundert war er Unterkunft für die Stadtwache, die vom obersten Stock eine gute Sicht über das Land vor der Mauer hatte. Sobald das Schießpulver erfunden war, wurde der Turm zum Pulverturm und zum Waffenlager. Die Hussitenkriege berührten die Stadt nicht, der Dreißigjährige Krieg aber sehr wohl, kam es doch immer wieder zu Angriffen und Gräueltaten.

Bis zum 19. Jahrhundert war der Turm auch Gefängnis. Schulden, Raufereien oder der Verkauf von schlechtem Wein waren die Vergehen, für die die Gauner in den Turmzimmern ihre Zeit absitzen mussten. Schwerverbrecher wurden in den Kerker des Turmes gesperrt – ohne Fenster, in absoluter Dunkelheit. Nur wenn Essen durch ein Loch in der Decke abgeseilt wurde, blitzte ein kleiner Lichtstrahl auf. Zweimal die Woche mussten außerdem die Prostituierten zur ärztlichen Inspizierung hierherkommen, nur wenn sie gesund waren, durften sie weiter ihrem Gewerbe nachgehen.

Früher war ein Museum für Waffenkunst im Turm untergebracht, nun findet man hier eine Galerie für moderne Kunst.

Adresse Rabštejnská věž, Panská 207/4, České Budějovice 1, 37001 České Budějovice | Anfahrt vom Stadtplatz Richtung Westen in die Piaristická, rechts auf die Česká, 1. Straße links und gleich wieder rechts, über den Piaristenplatz in die Panská und bis zu deren Ende | Tipp Gegenüber dem Turm steht das schmalste Haus der Stadt, es ist mindestens einen Blick wert. Im »Žíznivá Gumovka Craft Bier Pub«, dem Haus mit der hübschen Holzpawlatsche, kann man auch einkehren.

21 Das Bahnhofsrestaurant

Franz und Milena, eine Liebe an der Grenze

Hier haben sie einander getroffen. Er, der deutschsprachige schüchterne Jude aus Prag, sie, die selbstbewusste katholische Tschechin aus Wien. In vielen Briefen haben sie in nur wenigen Wochen ein tiefes Vertrauen und eine leidenschaftliche Liebe entwickelt. Nach ihrer ersten Begegnung in Wien wollten sie einander erneut treffen, auf halber Strecke zwischen Prag und Wien. Dafür überschritten sie viele Grenzen. Die der Sprache, der Konfession, der Nationalität und auch der Konvention, schließlich war Franz Kafka gerade noch verlobt gewesen und Milena Jesenská mit dem notorisch untreuen Intellektuellen Ernst Polak nicht gerade glücklich verheiratet. Hinzu kam noch die »kafkaeske« Situation an der Staatsgrenze. Der Gmünder Bahnhof war eben erst der jungen Tschechoslowakei zugesprochen worden, die Staatsgrenze verlief zwischen ihm und der Stadt. Und Kafka musste für die Zugfahrt ein Visum für Österreich beantragen, obwohl er die Tschechoslowakei dabei nicht verließ.

Am 14. und 15. August 1920 fand diese denkwürdige Begegnung am Bahnhof im heutigen České Velenice statt. Kafka hatte zwei Zimmer im Bahnhofshotel Huber gebucht. Das Treffen verlief wohl eher enttäuschend, sie mussten hier am Bahnhof erkennen, dass eine normale Liebesbeziehung für sie beide nicht möglich sein würde. Sie blieben Freunde, wenige Jahre später verfasste Milena Jesenská den Nachruf für den Autor, Kafkas »Briefe an Milena« gehören längst zur Weltliteratur.

Das Hotel Huber wurde beim letzten Bombenangriff im Mai 1945 zerstört und nicht mehr aufgebaut, der Bahnhof war schwer beschädigt. Aber das Bahnhofsrestaurant gibt es noch. Dort, wo das Liebespaar vor 100 Jahren gesessen ist, scheint die Zeit stehen geblieben zu sein. Der prächtige Jugendstil-Saal ist noch nicht glatt renoviert, hier kann man auch heute noch gemütlich Kaffee trinken oder typisch tschechisches Essen genießen, wie Franz und Milena vor 100 Jahren.

Adresse Restaurace na nadraži, Revoluční 209, 37810 České Velenice | ÖPNV Direktzüge von Prag, Wien und Budweis | Anfahrt E 49 von Třeboň Richtung Süden, bei Suchdol nad Lužnicí auf die 103; von Linz oder Wien kommend über die B 41 nach Gmünd, durch die Stadt zum Grenzübergang nach České Velenice | Tipp Hier befindet sich auch eine Station mit Infotafel des »Dr. Arthur und Maria Lanc Friedenswegs«, der die beiden Städte Gmünd und České Velence verbindet. Er erinnert an die Ermordung Hunderter ungarischer Juden am Ende des Zweiten Weltkriegs und den mutigen Einsatz eines Gmünder Arztes.

22 Die O-Bus-Säule

100 Jahre Einsamkeit

Etwas verloren steht sie da. Würde nicht eine Tafel an ihrem Fuß stehen, gingen wohl alle Passanten achtlos vorbei. Dennoch, eine gewisse Anmut kann man ihr nicht absprechen. Diese gusseiserne Säule aus der österreich-ungarischen Kaiserzeit ist ein Beispiel dafür, dass auch kleine Details bei öffentlichen Nutzbauten eine stolze Ästhetik aufweisen können. Und stolz kann diese Säule sein, gehörte sie doch zur ersten O-Bus-Linie in Österreich, einer der ersten in Mitteleuropa.

Weil man bei der Planung der Eisenbahn, die die Metropolen Wien und Prag verband, den riesigen Bahnhof Gmünd weit außerhalb des Zentrums errichtet hatte, war der Weg in die Stadt mühsam. So beschloss der Gemeinderat, ein innerstädtisches Verkehrsmittel einzurichten. Für die Herstellung beauftragte man die Pariser Firma Mercédès Électrique, die im Daimlerwerk in Wiener Neustadt die Produktion übernahm. Das Ergebnis: ein elektrisch betriebener Kleinbus mit acht Sitz- und vier Stehplätzen, der mittels Oberleitung mit Energie versorgt wurde – eine Weltsensation. Am 9. Juli »wurde unter allgemeiner Spannung der Stadtbewohner die erste Probefahrt unternommen, welche glatt und zur vollen Zufriedenheit der Verkehrsabteilung verlief«, schrieb die Gmünder Zeitung 1907. Von früh bis spät fuhren nun die Busse, das Interesse war so enorm, dass man schon bald einen zweiten Elektrobus anschaffte und im ersten Jahr über 90.000 Fahrgäste transportierte. Und das Beispiel machte Schule. In 18 Städten, darunter London, Berlin und Casablanca, verkehrten die Mercedes-Busse nach Gmünder Bauart.

Hier kam allerdings schon 1916 im Ersten Weltkrieg das Aus. Die Kupferleitungen wurden von der Rüstungsindustrie benötigt, und nach Kriegsende wurde die Linie nicht wiederhergestellt. Doch nach 100-jähriger Pause fährt der Mercédès Électrique nun wieder seine Runden durchs heutige České Velenice – als originalgetreuer Nachbau.

Adresse Vitoraská, 37810 České Velenice | Anfahrt vom Bahnhof entlang der Kastanienallee ins Stadtzentrum, dann rechts in die Vitoraská, vor der Einfahrt in den Tunnel unter der Eisenbahn, neben dem Restaurant in der Vitoraská 261 | Tipp Fahrten im detailgetreuen Trolejbus TMG 1907, der in mühevoller Arbeit von enthusiastischen Ingenieuren und Mechanikern nachgebaut wurde, können über das Infozentrum in der Revoluční 245 gebucht werden (Tel. +420/602377111, E-Mail: infocentrum@meu.velenice.cz).

23 Der Super-Supermarkt

Wie eine Stadt ihre Farben wiedererhalten hat

Schon von außen bunt. Große Schrift: Haihang Shopping Center. Dann öffnet sich die Glastür, und man muss unweigerlich stehen bleiben, die Augen schaffen es kaum, so viele Farben auf einmal auf die Netzhaut zu bekommen und diese auch noch zu verarbeiten. Aber das ist erst der Anfang. Vorbei an Hunderten von verschiedenen und verschiedenfarbigen Duftkerzen und Raumsprays, geht man durch die vielen Gänge und hat dabei Tausende Produkte zur Auswahl: von chinesischen Fertigsuppen, Gewürzen aus aller Welt, tschechischem Bier und deutscher Mayonnaise über Spielwaren und Geschirr bis hin zu Hochzeitskleidung und Herrenanzügen für Kleinkinder, Schuhen und Hundefutter … Ein riesiger Basar in einem Haus. Noch bunter wird es im Obergeschoss. Dutzende Quadratmeter Verkaufsfläche nur für Kunstblumen, eine Farbenorgie!

Dieser »Supermarkt«, der seinen Namen wirklich verdient hat, wurde von einer vietnamesischen Familie nach der Grenzöffnung als kleines Geschäft begründet und zu einem über die Grenzen hinaus bekannten Einkaufszentrum, was bei seiner Lage – nur 500 Meter von der österreichischen Grenze entfernt – an und für sich nicht schwer ist. Heute ist es kaum mehr vorstellbar, wie sich die Garnisonsstadt vor der Grenzöffnung zeigte. Die bunten Gründerzeithäuser hatten ihren Glanz verloren. Grau und braun und graubraun wirkte die Stadt in den 1980er Jahren. In der Luft der schwere Geruch vom Rauch der Braunkohle, Militärpräsenz prägte die Stimmung.

Nun aber präsentiert sich České Velenice mit seinem grenzüberschreitenden Industriepark – dem ersten in Europa –, dem internationalen Kulturfestival »*Übergänge – Přechody*«, den vielen Geschäften, Kultureinrichtungen, Freizeitangeboten und Schulen als lebendige Stadt voller Optimismus. Die Farben sind – auch dank vietnamesischer Unternehmen wie dem Shoppingcenter der Familie Hai Hang – in die Stadt zurückgekehrt.

Adresse Hai Hang, Třída Čsl. legií 609, 37810 České Velenice | **Anfahrt** von Budweis über die 154 durch Nové Hrady, über die 156 von Borovány oder über die 24 von Třeboň nach České Velenice, die Třída Čsl. legií bis kurz vor der Staatsgrenze fahren, Supermarkt rechter Hand | **Tipp** Grenzüberschreitende Stadtwanderwege unter dem Motto »Ge(h)schichten« erzählen die spannende Historie der beiden Nachbarstädte Gmünd und České Velenice, die als »geteilte Stadt« oft mit Berlin verglichen wurden.

24 Das Säumerdorf

Wo aus Röhren getrunken wurde

Prosperität entstand im Laufe der Menschheitsgeschichte immer dort, wo Austausch passierte. So war die Grenze zwischen Österreich, Bayern und Böhmen für die Region kein Nachteil, sondern bot Möglichkeiten. Schon vor 3.000 Jahren führten schmale Wege vom Donauraum über den Böhmerwald in das heutige Südböhmen. Salz und Kupfer, Luxusgüter aus dem Mittelmeerraum, wurden in den Norden transportiert, umgekehrt gelangten Grafitkeramik, Silber und auch etwas Gold aus Böhmen in den Süden.

Wie sich aus vielen verschiedenen Ameisenstraßen die bestgeeigneten durchsetzen, bildete sich durch den dichten Hochwald im Laufe der Zeit der »Goldene Steig«, eine wenig verzweigte Route, die Hunderte Jahre lang als »Autobahn« funktionierte, auch wenn sie nur einspurig und zu Fuß mit Saumpferden zu benutzen war. Im 16. Jahrhundert verkehrten zwischen Passau und Prachatitz wöchentlich weit über 1.000 Saumpferde, jedes bepackt mit bis zu 300 Kilogramm Last.

Die »Tankstellen« am Weg waren unverzichtbar. Und so eine war auch České Žleby, mit deutschem Namen »Böhmisch Röhren«. Der Name stammt von den Trögen, die vor vielen Häusern für die durstigen Tiere bereitstanden. Das kleine Holzfällerdorf wurde als Raststation immer wichtiger, Gasthäuser und sogar ein »Hotel Washington« wurden eröffnet, die Bevölkerungszahl stieg in den 1930er Jahren auf 1.200 Bewohner. Doch auch in diesem Dorf beendete Hitlers Annexion die Zeit des Friedens. Die Zwangsaussiedlung des Großteils der Bevölkerung und die Absperrung der Grenze mit Stacheldraht setzte hinter die Jahrtausende des prosperierenden Handels einen Schlusspunkt. Das Dorf wurde fast menschenleer.

Heute leben hier wieder 61 Einwohner, Tendenz steigend. Das Dorf hat zu seiner alten Einkommensquelle zurückgefunden und stillt wieder den Durst der vorbeikommenden Menschen. Diese sind heute freilich nicht mehr mit Packpferden, sondern mit Drahteseln unterwegs.

Adresse České Žleby, 38451 Stožec | Anfahrt von Voláry auf der 39 etwa 3,2 Kilometer Richtung Lenora, dann links einbiegen und der Straße sechs Kilometer bis České Žleby folgen | Tipp Im Rathaus der Nachbargemeinde Haidmühle in Deutschland befindet sich eine Fotoausstellung zum Säumerdorf Böhmisch Röhren. Mitten durch den Ort führt der »Goldene Steig« (www.haidmuehle.eu).

25 Das Fotoatelier Seidl

Eine Zeitreise in die Welt der Glasplatten

Es begann mit einer Reise. Ein nordböhmischer Fotograf namens Josef Seidl fuhr durch die Monarchie. Er fand Gefallen an Südböhmen und auch an einer Witwe, die in Böhmisch Krumau (Český Krumlov) über ein voll eingerichtetes Fotoatelier verfügte. Es scheint für beide gepasst zu haben. Sie lebten und arbeiteten in einem wunderschönen Jugendstilhaus, gründeten eine Familie und betrieben das Fotoatelier Seidl höchst erfolgreich. In ihrem Studio trafen sich Hochzeitspaare und Firmlinge, Prominente und Nachbarn. Seidls größte Leidenschaft aber war das Reisen. Und die führte ihn vor allem in den Böhmerwald. In über 450 Orten ist er gewesen, hat versteckte Dörfer im Winter auf Skiern besucht und – was damals gar nicht üblich war – die Menschen in ihrem Alltagsleben fotografiert. Sein Sohn František leitete das Geschäft noch bis 1953.

Gut, dass die Seidls auch so gewissenhafte Menschen waren und in Kundenbüchern jeden Auftrag verzeichneten. Jedes Negativ wurde sorgfältig in Schachteln und Regalen aufgehoben. So existiert heute ein weltweit einzigartiges Archiv mit 150.000 Fotos, zum Großteil auf Glasplatten.

Dieses Archiv bietet eine erstaunliche Zeitreise in die Welt der Jahrhundertwende, ist Basis für diverse Ausstellungen und für Forschungsarbeit und ermöglicht sogar eigene Familienrecherchen. Da das Atelier nach seiner Schließung fast unberührt geblieben ist, können die Besucher im heutigen Museum das Original-Atelier mit den historischen Fotoapparaten nicht nur bewundern, sondern sich hier auch in historischen Kostümen ablichten lassen. So wird das Atelier zu einer riesigen Foto-Box am Originalschauplatz.

Alle, denen die wilden 1920er Jahre näher sind als die perückte Barockzeit, sind hier richtig gut aufgehoben. Zigarettenspitz in den Mund, Federhut auf den Kopf, lächeln und – Blitz! Das Fotoatelier ist jedenfalls eine Zeitreise wert.

Adresse Fotoatelier Seidl, Linecká 272, 38101 Český Krumlov | Anfahrt vom Stadtzentrum über die Brücke und in die Linecká, Atelier auf der rechten Seite | Öffnungszeiten Di–So 9–12 und 13–17 Uhr | Tipp Ganz in der Nähe – in der Za Soudem 282 – befindet sich die Synagoge, die von der Bedeutung des jüdischen Lebens in der Stadt bis zum Einmarsch der Nazis im Jahr 1938 zeugt. Darin ist heute ein kleines Café untergebracht (www.synagoga-krumlov.cz).

26 Die Grafitmine

Im silbernen Bauch der Erde

Nicht nur der Handel mit Salz machte Český Krumlov reich, auch die Entdeckung von Bodenschätzen wie Gold, Silber und Grafit hob den Wohlstand der Bevölkerung. In der Moldau wurde laut einiger historischer Quellen bereits sehr früh Gold gewaschen, über den Zeitpunkt erster Bergbauarbeiten gibt es jedoch keine Aufzeichnungen. In der ersten Hälfte des 16. Jahrhunderts stand jedenfalls der Bergbau in Krumlov in höchster Blüte, Schmelzanlagen wurden errichtet und Gold und Silber zu Münzen geprägt.

Grafit mischten schon die Kelten in ihre Töpferarbeiten, er verlieh der sogenannten »Slawischen Keramik« ihre dunkelgraue Farbe. Diese lässt sich leicht mit dem Fingernagel ritzen, die betreffenden Stellen schimmern und glitzern dann. Der Grafitbergbau in Böhmen wird 1767 erstmals schriftlich erwähnt, in den beiden Orten Černá v Pošumaví und Hůrka wurde das Material im großen Stil abgetragen. In Krumlov selbst begann das Schürfen erst in der Zwischenkriegszeit durch die »Grafit Netolice Aktiengesellschaft«.

In den Krumlover Stollen wurde das Material im Untertagebau gewonnen und zum Grafit-Konzentrat verarbeitet. Es dient zur Schmiermittelerzeugung und wird heute in der chemischen Industrie verwendet. Im Jahr 1802 erfand Joseph Hardtmuth eine Methode, mit der man aus Grafit- und Tonstaub eine Mine herstellen konnte, er begann sofort mit der Produktion der ersten Bleistifte, so wie wir sie heute kennen.

Angekleidet wie ein Bergarbeiter steigt man mit Helm, Stiefeln und Gummimantel in den grünen Hunt, der einen tief in die Stollen des Bergwerkes hinunterbringt. Bei der folgenden Wanderung werden die schimmernden Grafitadern vom Schein der eigenen Stirnlampe erhellt. Es lohnt sich, mit den Fingern darüberzustreichen und das weiche, elastische und dunkle Grau zu berühren. Nach anderthalb Stunden tritt man mit einer unvergesslichen Erfahrung mehr ans Tageslicht.

Adresse Grafitový důl, Chvalšinská 243, 38101 Český Krumlov | Anfahrt auf der 39 bis einen Kilometer westlich von Český Krumlov, Schaubergwerk auf der rechten Seite | Öffnungszeiten Mai–Aug. laufend Führungen: Mai täglich 9–14 Uhr, Juli, Aug. täglich 9–17 Uhr, Juni, Sept. Di–Do 9–15 Uhr | Tipp Im nur zehn Kilometer entfernten Budweis befindet sich der Industriebetrieb »Koh-I-Noor Hardtmuth«, hier werden seit über 100 Jahren Blei- und Buntstifte erzeugt. Ein Blick von außen auf den historischen Bau lohnt sich. Einen Stift oder Füller kann man aber auch in Krumlov erwerben, und zwar in der Kostelní 169 bei »Koh-I-Noor Hardtmuth Handel«.

27 Der hohle Baum

Wo man sich in Krumlov gut verstecken kann

Wenn man durch den letzten der fünf Höfe des Schlosses Český Krumlov den steilen Weg hinaufgewandert ist, quert man die »na plášti«, die Mantelbrücke. Diese verbindet das Schloss über den ehemaligen Burggraben – den sogenannten Mantel – mit dem Garten, der Winterreitschule und dem Schlosstheater. Sie steht auf wuchtigen Bögen und trägt über dem offenen Gang noch drei Stockwerke, in denen sich ebenfalls Durchgänge befinden. Einer davon führt direkt von der Maskenkammer im Schloss in die Theaterloge der Fürsten. Der Ausblick von der Brücke auf Krumlov ist atemberaubend.

Vom Pförtnerhäuschen aus gelangt man auf zwei Wegen in den elf Hektar großen Garten. Auf dem Weg links bergauf kommt man zum Haupttor, rechts hinauf zur großen Winterreitschule. Neben der Winterreitschule befinden sich zwei kleinere abgegrenzte Terrassen. Die niedrigere wurde »Königlicher Garten« genannt und ist über einen verschlossenen Zugang vom Schloss aus erreichbar. Die höher gelegene Terrasse wurde als Sommerreitschule genutzt. Fast die Hälfte der Fläche des Schlossgartens nimmt der Rokokogarten mit seinen ornamentalen Blumenbeeten und mehreren mächtigen Eichen und Buchen in Anspruch.

In der Mitte des Parks thront der Neptunbrunnen, in dem vier Meeresgötter mit verschiedensten Meerestieren ihr Spiel treiben. Über die geschmückten Kaskadenstufen erreicht man den höher gelegenen, als Barockgarten komponierten Oberen Garten.

Vom Brunnen aus führt der Weg vorbei am Lustschloss Bellarie und der bekannten drehbaren Zuschauertribüne bis zum entferntesten Ende des Gartens, an den bezaubernden Schlossteich. Und hier steht nun der hohle Baum, eine uralte Linde, in deren Stamm sich im Laufe der Zeit eine Höhle gebildet hat. Sie ist so groß, dass nicht nur Kinder spielend hineinpassen. Locker kann sich hier auch ein verliebtes Pärchen sehr gut verstecken.

Adresse Zámecká zahrada, K Zámecké zahradě 176, Latrán, 38101 Český Krumlov | **Anfahrt** auf der 39 von Budweis nach Horní Planá, Parkplatz unter dem Schloss | **Öffnungszeiten** Schlossgarten: April und Okt. 8–17 Uhr, Mai–Sept., 9–19 Uhr | **Tipp** Östlich von Krumlov führt der Křížové hoře, der Kreuzweg, auf dem Hügel Káová hora zu einer entzückenden Wallfahrtskapelle. Das barocke Kirchlein wurde erst in den letzten Jahren saniert und vor dem Verfall gerettet. Der Blick von hier aus ist atemberaubend (krizak.ckrumlov.cz).

28 Die Kanaldeckel

Die Herrschaft des Wildröschens

Falls man es schafft, die beeindruckende Vielfalt der historischen Gebäude im hochprofessionell restaurierten Český Krumlov außer Acht zu lassen und seinen Blick zu Boden zu richten, sind die gusseisernen Verschlüsse der Kanalisation einfach nicht zu übersehen. Schöne Kanaldeckel gibt es auch in anderen Städten, hier sind sie jedoch etwas ganz Besonderes. Und das nicht nur wegen ihrer ästhetischen Verzierungen – sie erzählen auch die Geschichte des berühmten Adelsgeschlechts, das die Rose in seinem Wappen trägt.

Adalbert Stifter erzählt in seinem Roman »Witiko« die Geschichte des jungen Ritters aus dem Haus der Wittigonen. Auf seinen Wanderungen durch die Wirren des Böhmischen Erbfolgekrieges findet er auf einem Hügel ein Wildröschen, die fünfblättrige Rose, die seinen Mut stärkt. Beflügelt durch dieses Röschen, gewinnt er Kampf um Kampf und wird dafür mit einem Adelstitel belohnt. Zum Dank an das Wildgewächs gibt Witiko seinem Geschlecht den Namen »Rožmberk« – Rosenberger.

Sein Sohn Wok I. lässt 1250 zuerst die Burg Rosenberg, kurze Zeit später in der »krummen Au«, einer doppelten Moldauschlinge, die Burg Krumlov hoch auf einem Felsen errichten. Die Gegend ist zu diesem Zeitpunkt sehr spärlich besiedelt, obgleich archäologische Grabungen Spuren bis in die Bronzezeit nachgewiesen haben. Salztransporte und Silbervorkommen machten Krumlov zu einem der reichsten Orte im mittelalterlichen Böhmen.

Das Logo der Rosenberger, die fünfblättrige Rose, überdauerte die Jahrhunderte. Es taucht immer wieder mit unterschiedlichen Farben in den Wappen der fünf böhmischen Adelsgeschlechter auf, die den Wittigonen entsprangen. Es gibt wahrscheinlich kaum ein Plätzchen in Český Krumlov, an dem die rote Rose der Rosenberger auf weißem Grund nicht zu sehen ist. Wer mit offenen Augen durch die schmalen Gässchen spaziert, kann weit über 100 solcher Rosen entdecken.

Adresse Náměstí Svornosti, 38101 Český Krumlov | Anfahrt von Budweis nach Südwesten über die 39 | Tipp Immer zur Sommersonnenwende findet hier das tollste Fest des Jahres statt, das »Fest der fünfblättrigen Rose«. Es ist mit Sicherheit die schönste Gelegenheit, in die Welt der Renaissance einzutauchen und sich in die Blütezeit der Stadt mit ihren farbenfroh gewandeten Reitern und Passanten, betörenden Musikgruppen, Gauklern und Marktständen zu versetzen.

29 Das Keramikmodell

Ein Blick aus der Vogelperspektive

Im Zuge der Generalsanierung des damaligen Heimatkundlichen Bezirksmuseums von Český Krumlov zwischen 1970 und 1980 entstand die Idee, in der künftigen Dauerausstellung ein Modell der an den Ufern der Moldau erbauten mittelalterlichen Stadt zu zeigen. Kurator Ivan Slavik und seine Kollegin Jana Pešková fuhren nach Prag, um sich das damals neu restaurierte Modell der »Goldenen Stadt« als Anregung anzuschauen und den Arbeitsaufwand ein wenig abzuschätzen. Der erste Blick auf das Papiermodell war für Jana augenscheinlich erschütternd, sie lehnte sich an den Türrahmen und flüsterte: »So viele Schornsteine!«

Papier vergilbt bekanntlich mit der Zeit, und die beiden beschlossen, das Modell aus Keramik anzufertigen. Die darzustellende reale Fläche betrug immerhin 56 Hektar, die Verkleinerung misst sechs mal vier Meter. Diese Fläche wurde in 50 mal 50 Zentimeter große Quadrate unterteilt, jedes gibt einen Hektar des Stadtkatasters wieder.

Trotz zweier wertvoller Luftaufnahmen, auf denen wichtige Details der Dächer und vor allem die Positionen der Schornsteine ersichtlich waren, mussten die meisten Häuser und vor allem die Dachböden vermessen werden. Dabei kam es schon mal vor, dass die beiden unabsichtlich eingesperrt wurden und lauthals um Hilfe rufen mussten.

Hunderte Skizzen mit Details der Stadthäuser, der Wirtschaftsgebäude und aller Arten von Zubauten wurden erstellt. Mit der Hilfe von Freunden wurde aus einer ehemaligen Ziegelei in der Nähe der Ton für das Modell beschaffen und eine spezielle Schablone gebastelt. Dann wurde Quadrat für Quadrat modelliert. Allein die Ereignisse beim Trocknen und Brennen würden laut den Initiatoren ein ganzes Buch füllen. Wochen später konnten die gebrannten Teile aus dem Ofen genommen, bemalt und in mühsamer Kleinarbeit – vor allem die Schornsteine – aufgebaut werden. Nach acht Jahren Arbeit war das Modell schließlich fertig.

Adresse Regionalmuseum Český Krumlov, Horní 152, 38101 Český Krumlov | Anfahrt über die Steinbrücke im Osten in die Altstadt, geradeaus auf der Horní, Museum gegenüber dem Hotel Růže | Öffnungszeiten Di–So 9–12 und 12.30–17 Uhr | Tipp Nur ein paar Schritte nach dem Museum, in Richtung Zentrum, öffnet sich auf der rechten Seite ein kleiner Park. Hier können die schönsten Fotos dieser wunderbaren Stadt gemacht werden.

30 Der Klosterdachboden

Das Handwerk der Klarissinnen

Das Doppelkloster der Minoriten und Klarissinnen ist der zweitgrößte historische Bau in Český Krumlov. Die beiden Klöster, eines für Brüder, eines für Schwestern, wurden 1350 von Katharina von Rosenberg und ihren vier Söhnen in Auftrag gegeben. Sie entwickelten sich zu Zentren des geistlichen Lebens, der Kultur und der Bildung.

Der Orden der Klarissinnen wurde vom heiligen Franziskus und der heiligen Klara von Assisi gegründet. Klara wollte ins Kloster gehen, aber ihre Eltern hinderten sie daran und zwangen sie zur Ehe. Sie schlich jedoch heimlich aus dem Haus und traf bald auf Franziskus. Bei ihm legte sie ihr Gelöbnis ab, in Zukunft ein Leben in Armut, Lauterkeit und Gehorsam führen zu wollen, und gründete den neuen Frauenorden, die Gesellschaft der »Armen Frauen«.

Heute befindet sich die »Interaktive Ausstellung der Menschlichen Fertigkeiten« in den Räumen des ehemaligen Klosters, sie reicht vom Keller bis zum Dachboden. Traditionelle Kenntnisse mittelalterlicher Klöster, das Leben des Adels in der Zeit der Gotik und Renaissance sowie das Handwerk sind die Themen, die hier liebevoll umgesetzt wurden. Im dunklen Keller befindet sich neben den Lagerräumen das alchemistische Laboratorium – hier wird dann auch so manches Gebräu zusammengemischt. Die historischen Kostüme im Erdgeschoss sind nicht nur zum Anschauen, sondern auch zum Reinschlüpfen gedacht. Andernorts werden Kräuterprodukte erzeugt oder die Geheimnisse des Buchdrucks verraten, und im Scriptorium erlernt man, mit einer Gänsefeder zu schreiben. Die historische Ausstattung im Spielzimmer darf auch benutzt werden.

Der Dachboden ist jedoch der größte Schatz der Ausstellung. Die Möglichkeit, so einen historischen Holzboden betreten zu dürfen, ist einmalig. Neben der geisterhaften Darstellung des »Danse Macabre« sieht man hier eine große Sammlung archäologischer Funde, die von den Fertigkeiten unserer Vorfahren zeugen.

Adresse Klášter klarisek, Latrán 138, 38101 Český Krumlov, www.klasteryck.cz | **Anfahrt** im Stadtteil Latrán der gleichnamigen Gasse in Richtung Zentrum folgen, links in die Pivovarská einbiegen, dann die 1. Straße rechts nehmen und in die Klášterní Dvůr, Eingang auf der linken Seite | **Öffnungszeiten** aktuelle Zeiten sowie Veranstaltungen für große und kleine Handwerker siehe Website | **Tipp** Vom Kloster sind es nur ein paar Schritte zur Brauerei mit Restaurant in der Pivovarská 27. Hier werden original Krumauer Bierspezialitäten ausgeschenkt und dazu typische böhmische Leckerbissen serviert.

31 Das Laibon

Vegetarische Gaumenfreuden in Mittelalter-Ambiente

Der Großteil der Innenstadt Český Krumlovs wurde auf zwei Halbinseln der Vltava erbaut, dort, wo ihr Lauf die Form eines S annimmt. Die westliche Halbinsel kann seit der Stadtentstehung eher als das bürgerliche und handwerkliche Zentrum betrachtet werden. Eine solche Dichte an gut erhaltenen Bürger- und Handwerkshäusern wie in dieser UNESCO-Weltkulturerbe-Stadt ist weltweit außergewöhnlich.

Kurz vor der großen Holzbrücke, die zur östlichen Halbinsel, dem Latran, führt, zweigt rechts das letzte Gässchen vor der Vlatava ab. In der der Flussseite zugewandten Reihe steht ein schönes Haus neben dem anderen. Eines dieser historischen Gebäude ist mit einem einfachen Quader-Sgraffito, dem Wappen der Rosenberg-Badener Allianz und einem Spruchband geschmückt. Tritt man durch die Eingangstür in der ersten Arkade, erblickt man ein kleines Kreuzgewölbe mit Felszeichnungen aus Altamira, eine Reminiszenz des weit gereisten Besitzers. Dann öffnen sich ein kleiner Gastraum und die angrenzende Terrasse des Restaurants Laibon.

Es ist ein sehr freundlicher kleiner Familienbetrieb. Hier wird man in vielen Sprachen begrüßt, der Sohn bringt die Gäste zum Tisch. Mit der Speisekarte in den Händen begibt man sich, direkt an der Moldau sitzend, auf eine Reise um die Welt und schaut dabei in jeden nur erdenklichen vegetarischen Kochtopf. Nach dem Bestellen fällt der Blick auf das imposante Schloss und die Häuserzeile am anderen Flussufer. Auf der hölzernen Brücke herrscht reges Gedränge, Smartphones mit Selfiestangen zum Ablichten gezückt, Kinderwagen, die nicht weiterkommen, große und kleine Menschen mit staunenden Augen, der Klang einer Schalmei.

Das Laibon ist mittendrin, und doch herrscht hier eine stille Idylle. Nach dem Essen kommt vielleicht der charmante, weit gereiste Chef an den Tisch. Dann wird geplaudert bis zum Kaffee oder noch viel länger. Man kommt als Fremder und geht als Freund!

Adresse Parkán 105, 38101 Český Krumlov | **ÖPNV** Busbahnhof zehn Gehminuten vom Stadtzentrum entfernt, Busverbindungen aus allen größeren Städten und aus den Nachbarländern | **Anfahrt** von Budweis auf der 39 nach Horní Planá, Parkplatz unter dem Schloss | **Öffnungszeiten** täglich 11–23 Uhr | **Tipp** Wer lieber original mittelalterlich speisen will, kehrt direkt im Nachbarhaus bei »U Dwau Maryí« (Zu den zwei Marien) ein.

32 Das Lustschlösschen

Auf den Brettern, die die Welt bedeuten

Inmitten des grandiosen Schlossgartens, hoch über Český Krumlov, steht das Lustschlösschen Bellarie. Es wurde zwischen 1690 und 1692 als Sommerschlösschen für den Fürsten Johann Christian I. von Eggenberg und seine Frau Fürstin Marie Ernestine errichtet. Farbenprächtige Wandmalereien und Stuckaturen entstanden im Laufe der nächsten 60 Jahre. Dann erhielt der Bau seinen letzten Schliff und wurde zum Rokoko-Schlösschen.

Betrachten kann man dieses Juwel momentan leider nur von außen, dafür präsentiert es sich jedoch umso spektakulärer. Denn 1958 kamen Künstler aus dem Südböhmischen Theater in České Budějovice auf die Idee, das Lustschloss sowie den umgebenden Schlosspark als Open-Air-Bühne zu nutzen. Die Stadtverwaltung unterstützte das Vorhaben. Unter der unteren Terrasse wurden Räume geschaffen, die als Ankleidezimmer für die Schauspieler und als Betriebsräume dienen sollten. Das Schlösschen selbst wurde zur prachtvollen Kulisse.

Eine Bühne war den Künstlern jedoch nicht genug. Sie wollten mehr und bauten eine zunächst improvisierte, drehbare Tribüne, auf der 60 Zuschauer Platz fanden. Nun war es möglich, den Park mit seinen Bäumen einzubeziehen und andere Hintergründe im Umkreis der Tribüne zu bespielen.

Das Theaterprojekt war ein so großer Renner, dass die provisorische Tribüne 1959 durch eine Holzkonstruktion mit 400 Sitzplätzen ersetzt wurde. Um diese zu drehen, waren aber 40 starke Männer nötig. Daher baute man schon ein Jahr später Elektromotoren ein und erweiterte die Kapazität um 150 Plätze. Die heutige Drehscheibe wurde 1993 fertiggestellt. Vier Elektromotoren übernehmen nun das Ausrichten der rund 650 Tonnen schweren Stahlkonstruktion und der 644 Zuschauer. In den Sommermonaten finden Inszenierungen weltberühmter Autoren in der Naturkulisse des Schlossgartens statt. Gezeigt werden Opern, Ballette, Märchen und Theaterstücke.

Adresse Zámecká zahrada, K Zámecké zahradě 176, Latrán, 38101 Český Krumlov, www.otacivehlediste.cz/de | **Anfahrt** von Budweis auf der 39 nach Horní Planá, Parkplatz unter dem Schloss | **Öffnungszeiten** aktuelles Programm siehe Website, alle Aufführungen mit Untertiteln in Deutsch und Englisch, Verleih der Untertitel-Lesegeräte an der Theaterkasse | **Tipp** Ganz nahe am Schlösschen befindet sich ein Ausschank. Hier kann der Durst gelöscht oder der kleine Hunger gestillt werden.

33 Das Moldavit-Museum

Geformt aus Hitze und Kälte

Wir schreiben das Jahr 15 Millionen vor Christus. Zuerst ist es unerträglich heiß, es folgt ein leises Zischen, dann ein lauter Knall, die Erde bebt, der Himmel verdunkelt sich. Dann wird es still.

So oder so ähnlich muss es wohl gewesen sein, als ein Meteorit mit einem Durchmesser von ungefähr 1.500 Metern im heutigen Westbayern einschlug und das Nördlinger Ries, wie der tiefe, kreisrunde, etwa 25 Kilometer durchmessende Krater genannt wird, hinterließ. Schon als sich der Meteorit unserem Planeten mit rasender Geschwindigkeit näherte, schmolzen siliziumoxidhaltige Sedimente auf der Oberfläche der Erde und schlossen dabei kleine Luftbläschen mit ein. Dem Einschlag folgte eine riesige Druckwelle, die diese geschmolzenen Teile hoch in die Atmosphäre schleuderte. Die nun zu Glas gewordenen Steine regneten durch die Wucht und den Winkel des Aufpralls erst 250 bis 450 Kilometer entfernt vom Ries-Quellkrater herunter und landeten im heutigen Südböhmen und Mähren.

In den Jahrmillionen seither hat Wasser die Oberfläche gestaltet und das Naturglas erst zu dem geformt, was wir heute Moldavit nennen. Keiner dieser außergewöhnlichen Edelsteine gleicht einem anderen. Ihre Grün- bis Brauntöne und ihre Formen sind äußerst vielfältig.

Bereits als Studenten hatten der Geologe Vít Kršul und seine Kollegen die Vision eines Museums, das sich mit diesem kostbaren Glasstein beschäftigt. Die Idee einer streng wissenschaftlichen, aber für Besucher gut verständlichen Ausstellung, wurde einige Jahre später in dem wunderschönen Renaissance-Haus in Krumlov auf beeindruckende Weise umgesetzt. Die großartige technische Ausgestaltung wird vor allem in den Kellerräumen sichtbar, hier sind auch die außergewöhnlichsten Funde aus Südböhmen und Mähren zu sehen. Wer danach noch nicht genug von diesem Wunder hat, kann in den funkelnden Auslagen der Juweliere rundum Ausschau halten.

Adresse Muzeum vltavínů Český Krumlov, Panská 19, Český Krumlov | **Anfahrt** vom Stadtplatz in Richtung Schloss, dann in die 1. Gasse links | **Öffnungszeiten** täglich 10–17 Uhr | **Tipp** Für diejenigen, die gern selbst einen Moldavit finden möchten, bieten Experten eine geführte Suche nach dem exquisiten Glasstein an (Buchung per E-Mail an muzeum@vltaviny.cz).

34 Der Park an der Moldau

Schieles Blick auf die Dächer

Ist es möglich, durch Krumlov zu spazieren, ohne an den Maler Egon Schiele zu denken? Kaum, denn seine Krumauer Motive sind bis heute lebendig und liegen vor aller Augen, wie etwa »Die Stadt am blauen Fluss«, das »Nachtbild von Krumau« oder der »Blick auf Dächer von Krumau«.

Direkt an der Vltava – der Moldau – befindet sich eine kleine grüne Ruheoase. Hier kann man sich sportlich betätigen, die Kleinsten am Kinder-Verkehrsspielplatz in die Regeln der Verkehrsordnung einführen oder einfach im Schatten der hochgewachsenen Bäume durchatmen.

Am terrassenartigen Hang oberhalb der kleinen Parkanlage steht ein Häuschen aus dem Jahr 1880. Es ist etwas Besonderes, denn Egon Schiele lebte und wirkte für einige Zeit darin. Schieles Freund, der Krumauer Gymnasiast Willi Lidl, hatte mit dem Hausbesitzer, dem Textilwarenhändler Max Tschunko, vereinbart, dass Schiele hier gratis wohnen dürfe. Was dem Künstler sehr gelegen kam, hatte doch sein Onkel Leopold Czihaczek die Vormundschaft für ihn niedergelegt, weshalb das Geld knapp geworden war. Dem Rummel der Großstadt entflohen, fand er sich also mit seinem Modell Wally Neuzil in der Geburtsstadt seiner Mutter ein. Egon Schiele liebte das Haus und dessen blühende Terrassen, er fühlte sich hier sehr wohl. Vielleicht ein Grund, warum die Zeit in Krumlov zu seinen intensivsten Schaffensphasen zählt.

Die hiesige Bevölkerung war jedoch nicht sonderlich von seiner Anwesenheit begeistert. Was wahrscheinlich zuallererst an seiner wilden Ehe mit Wally lag. So verließen die beiden nach einiger Zeit das nette Häuschen an der Moldau und kehrten nach Wien zurück. Geblieben ist jedoch viel von dieser Zeit, nicht nur in seinen Gemälden und Zeichnungen. Im Egon-Schiele-Zentrum findet sich neben Modeentwürfen, Zeichnungen und Gemälden auch Schriftverkehr, darunter Briefe, die er von hier geschrieben hat.

Adresse Egon-Schiele-Gartenhaus, Linecká 343, Plešivec, 38101 Český Krumlov | Anfahrt von der 160 auf die Po Vodé, über die Linecká-Brücke zum Parkplatz, von dort zu Fuß Richtung Westen, Haus auf der rechten Seite | Öffnungszeiten im Sommer täglich 11–19 Uhr | Tipp Es lohnt sich, von hier aus in Richtung Zentrum zu spazieren und in der Rybarska, der Fischgasse, am Ufer der Moldau in einem der Fischrestaurants einen Karpfen zu verspeisen.

35 Das Geisterschloss

Very british in Südböhmen

Hier war man immer schon sehr international. Durch das aus heutiger Sicht recht abgelegene Dorf Böhmisch Rudoletz führte früher eine der Hauptverbindungen von Prag nach Wien. Durchgangsverkehr bedeutete damals nicht Feinstoffbelastung, Lärmbelästigung und CO_2-Emissionen, sondern Kommunikation, Handel und Prosperität. Wo Menschen durchkommen, wird gerastet, getrunken, gegessen und bei dieser Gelegenheit vielleicht auch ein kleines Geschäft abgeschlossen. Mehrsprachigkeit war deshalb selbstverständlich.

Von der einstigen Größe zeugt das imposante Schloss, das auf eine mittelalterliche Festung zurückgeht und 1860 ein Windsor-Gesicht erhielt. Architekt war der mehrsprachige Graf Michael Angelo Picchioni persönlich. Er wurde im heutigen Italien geboren, wuchs in der Schweiz auf, studierte in Wien, starb in Slowenien, arbeitete aber in Südböhmen. An der Wiener k. k. Genie-Akademie technisch bestens ausgebildet, erwarb er 1857 die Herrschaft Rudoletz und brachte die Gutsverwaltung auf ein internationales Level. Sein Elan war auch dann nicht zu bremsen, als das Renaissanceschloss kurz nach dem Kauf fast vollständig abbrannte. Nun konnte er seine baumeisterlichen Fähigkeiten erst recht ausleben und zauberte einen von Schloss Hluboká inspirierten Palast im englischen Tudor-Stil in die Naturlandschaft.

In der Tschechoslowakei wurde das Gebäude ab den 1950er Jahren wenig genutzt, mehrmals geplündert. Es war jahrzehntelang Wind und Wetter ausgesetzt und dem Verfall preisgegeben. So bot es nach der Grenzöffnung 1989 einen schaurigen Anblick, der durch den mit böhmischem Witz in das Fenster gestellten Sensenmann noch verstärkt wurde.

Doch nun machen die Renovierungsarbeiten große Fortschritte, und auch dieses Juwel wird sicher bald zu einem Tourismus-Highlight werden. Dann wird auch das Skelett im Schlossfenster keine Besucher mehr abschrecken.

Adresse Zámek, Český Rudolec 1, 37883 Český Rudolec | Anfahrt von Slavonice neun Kilometer Richtung Norden auf der 409, gleich am Ortseingang auf der rechten Seite | Öffnungszeiten nur von außen zu besichtigen | Tipp Vis-à-vis befindet sich ein Gasthaus mit Kleinbrauerei, in der das »Grasel Bier« gebraut wird. Sie kann mit Führung besichtigt werden (Tel. +420/774752424, E-Mail: pivovar@malahluboka.cz).

36 Die Barockkirche

Ein Abschied für immer

Am 23. Juni 1914 verabschiedeten sich Thronfolger Franz Ferdinand und seine Frau Sophie im Schloss Chlumetz von ihren drei Kindern. In den nur eine Woche später beginnenden Schulferien sollte man auf Schloss Konopiště bei Prag wieder zusammentreffen. Mit dem Hofzug, dessen Lokomotive bereits im nahen Bahnhof unter Dampf stand, machten sich die Eltern auf den Weg nach Sarajevo. Die schreckliche Nachricht vom Attentat auf ihre Eltern ereilte Sophie, Max und Ernst von Hohenberg nur Tage später – noch hier in Chlum. Franz Ferdinand und Sophie waren die ersten Opfer des nun folgenden Weltkriegs.

Noch bevor Franz Ferdinand am Morgen des 23. Juni zum Bahnhof fuhr, schenkte er seinem langjährigen Vertrauten Franz Janacek eine goldene Uhr und nahm ihm das Versprechen ab, für die Herzogin und die Kinder da zu sein, falls ihm etwas zustoßen sollte. Fast auf den Tag genau 100 Jahre später trafen sich Menschen aus Österreich und Tschechien in der Mariä-Himmelfahrt-Kirche zu einer Gedenkfeier für das Thronfolgerpaar. Denn wenn sich Franz Ferdinand und seine Familie in Chlum aufhielten, nahmen sie stets vom Oratorium aus am Gottesdienst teil.

Die spätbarocke Wallfahrtskirche wurde im Jahr 1745 geweiht und thront auf einer Erhebung über der Stadt. Graf Jan František von Fünfkirchen ließ sie aus Dankbarkeit für die Rettung aus höchster Not erbauen. In der Kuppel der Kirche ist seine Geschichte dargestellt: Er wurde zusammen mit einem Maurer unter einem Gewölbe verschüttet und nach einem Gebet zur heiligen Jungfrau Maria geborgen. Eine weitere Darstellung zeigt den Hejtman-Teich und eine Kirche mit fünf Türmen, denen das Adelsgeschlecht seinen Namen zu verdanken hat.

Inspiriert von einer Wallfahrt nach Mariazell, ließ der Graf den Altar ganz nach jenem Vorbild anfertigen. Der Stuhl, auf dem der Erzherzog einst saß, soll heute noch rechts oberhalb des Altars stehen.

Adresse Kostel Nanebevzetí Panny Marie, Náměstí, 37804 Chlum u Třeboně | Anfahrt von Jindřichův Hradec der 135 Richtung Süden folgen, in Chlum gegenüber vom Hotel Hotýlek links in die Štítného, dann rechts in die Náměstí | Öffnungszeiten Juli, Aug Mo–Do ab 19 Uhr | Tipp Franz Ferdinands Schloss und der Park sind heute leider in einem sehr trostlosen Zustand und nicht zu besichtigen, aber man kann um sie herumspazieren.

37 Die Insel im Hejtman

Ein Ort der Sommerfrische

Der Hejtman-Teich in der für ihre Teichlandschaft weit und breit bekannten Region um Třebon wurde zwischen 1560 und 1570 angelegt. Eine kleine Insel mit dichtem Baumbestand blieb beim Fluten des Teichs verschont. Die 82 Hektar große Fischzucht ernährte damals ganze Landstriche.

In den 1920er Jahren entsteht ein neues Phänomen: die Sommerfrische. Die Städter entdecken die Romantik Südböhmens und flüchten aus dem heißen Prag in die Kühle der Wälder. Auch die Pfadfinder, die in der Tschechoslowakei seit 1914 existieren, schlagen hier ihre ersten Camps auf. So wird eine Reihe von Unterkünften am malerischen Ufer des Hejtman geschaffen, und das kleine Inselchen am südlichen Ende des Teichs wird mit einem Steg trockenen Fußes erreichbar gemacht. Der Zweite Weltkrieg und die Zeit nach der Errichtung des Eisernen Vorhangs um 1950 sind für diese so grenznahe Gegend sehr schwierig. Rücksichtslos werden Objekte, die in der Grenzzone stehen, abgerissen oder für Schießübungen verwendet.

Ab Mitte der 1960er Jahre beginnt das sogenannte »politische Tauwetter«. Das Leben in der zuvor beinahe hermetisch abgeschlossenen Grenzzone wird wieder leichter. Der erste öffentliche Campingplatz wird errichtet, und die Städter sind wieder da. Sie sammeln Pilze im alten Buchenwald, schwimmen im Hejtman und verbringen hier so viel Sommer wie möglich. Die Auswahl an Urlaubsorten ist ja sehr begrenzt. Besuche im Ausland sind nur in Ostberlin, Jugoslawien und Ungarn – und da auch immer nur für einen Teil der Familie – gestattet. Das Campen in Südböhmen wird zur Möglichkeit der inneren politischen Freiheit.

Heute erinnert das Ufer des Hejtman beinahe an das italienische Caorle der 1970er Jahre. Ein von Kiefern beschatteter Campingplatz liegt neben dem anderen. Boote mit Anglern schaukeln im Wasser. Es riecht nach gegrillten Karpfen. Auf der Insel steht ein eng umschlungenes Pärchen im Kuss vereint.

Adresse Hejtman, 37804 Chlum u Třeboně | **Anfahrt** von Jindřichův Hradec der 135 Richtung Süden folgen, in Chlum links in die 1531 einbiegen | **Tipp** Ausgezeichnete Radwege verbinden den Hejtman mit weiteren wunderschönen Teichen wie zum Beispiel dem Zájezek, dem Staňkovský Rybník und dem Staré jezero, aber auch mit dem Naturschutzgebiet Moor Pele.

38 Die Dačicer Datschen

Eine kleine Welt abseits der großen

Man mag erstaunt sein, aber diese neben der Stadteinfahrt von Dačice aufgereihten Hütten sind kleine Freiheitsträume.

Jahrzehntelang litten die Bewohner in der kommunistisch regierten Tschechoslowakei unter eingeschränkter Reisefreiheit und politischer Überwachung. Nach dem Einmarsch der Truppen des Warschauer Pakts und der Niederschlagung des Prager Frühlings und damit der Aufbruchsstimmung der 1960er Jahre zog sich eine ganze Gesellschaft ins Private zurück. Es folgte die Phase der »Normalisace«, der Normalisierung. Diese gewährte eine staatliche Rundumversorgung und einen bescheidenen Wohlstand bei ideologischem Wohlverhalten. Es gab zwischen Bevölkerung und Politik den unausgesprochenen Deal, den eine Redensart zusammenfasst: »Die Politiker tun so, als ob sie zu unserm Wohl regierten, und wir tun so, als ob wir arbeiten würden.«

Das Wesentliche war die Freizeit, besonders das Wochenende. Wie in der DDR war das kleine Häuschen auf dem Land eine Möglichkeit, der Enge der Städte zu entfliehen. Dort wurden sie »Datsche« genannt, in Tschechien heißen sie heute noch »Chata«, Hütte, oder »Chalupa«, Wochenendhäuschen. Wer Glück hatte, verfügte über eines – wer nicht, setzte alles daran, eines zu erwerben. In den 1970er und 1980er Jahren wurden pro Jahr rund 10.000 neue Wochenendhäuschen errichtet. Bei der Renovierung mit mühsam ergattertem Baumaterial waren Individualität und Kreativität gefragt. Das zeigen bunte Gartenzäune oder Gewächshäuser aus leeren, mit Beton verbundenen Gurkengläsern, die man noch heute gelegentlich sehen kann.

Auch die legendären Geheimkonzerte der von der Polizei verfolgten Rockgruppe »Plastic People of the Universe«, deren Mitschnitte nach England geschmuggelt und dort auf Vinyl gepresst wurden, fanden in einer versteckten »Chalupa« statt. Sie gehörte dem regimekritischen Schriftsteller und späteren Präsidenten Václav Havel.

Adresse 38001 Dačice | ÖPNV Zug- und Busverbindungen von Jihlava und Slavonice | Anfahrt von Kunžak oder Slavonice auf der 151 Richtung Dačice, links Fischteich Tůnkluv, rechts kleine Straße durch die Kleinhäuser-Siedlung Richtung Stadtzentrum | Öffnungszeiten Häuser und Gärten privates Refugium, bitte Rücksicht nehmen | Tipp Wer zumindest für kurze Zeit in seiner eigenen »Chata« leben möchte, der ist in der Ferienhaussiedlung in Zvůle richtig. 20 Kilometer von Dačice Richtung Kunžak befindet sich ein ganzes Hüttendorf mit Platz für 150 Personen (www.chatyzvule.cz).

39 Das Würfelzucker-Denkmal

Ein Kubus verändert den Geschmack der Welt

Zum Anfang. Wie es häufig geschieht, war der Auslöser einer bahnbrechenden Erfindung eine Frau. Juliane Rad verletzte sich im August 1841 den Finger. Man könnte meinen, dies sei ja kein Ereignis von welthistorischer Tragweite. Doch da täuscht man sich.

Aber zunächst zu einem anderen Anfang, der noch weiter in der Vergangenheit liegt und wieder mit einer Frau zu tun hat. Kaiserin Maria Theresia, die das Reich mit gezielten Wirtschaftsförderungen wie eine gewinnbringende Firma zu leiten versuchte, wollte in ihrer Monarchie Zucker erzeugen lassen. Statt aus Zuckerrohr sollte das kostbare Süßungsmittel aus Zuckerrüben hergestellt werden. Die erste Versuchsfabrik in Kostelní Vydří bei Dačice funktionierte, aber da sich die Äcker der Umgebung kaum für den Anbau von Rüben eigneten, musste die Fabrik schon nach drei Jahren wieder schließen.

Die geschäftsführenden Brüder Thomas und Franz Grebner ließen sich davon jedoch nicht entmutigen und errichteten am Stadtplatz eine Zuckerraffinerie, die später von dem eingesetzten Geschäftsführer Jacob Christoph Rad sehr erfolgreich betrieben und ständig erweitert wurde. Der produzierte Zucker wurde in Form von großen Zuckerhüten auf den Markt gebracht. Die gewünschten Portionen musste man vor dem Gebrauch erst von einem unförmigen Klotz abhacken, wobei man sich leicht verletzen konnte – wie die Frau des Chefs erfahren musste.

Womit wir wieder beim ersten Anfang wären. Man solle doch den Zucker in kleinere, handliche Portionen abpacken, meinte sie. Und ihr Mann und seine Belegschaft tüftelten an Pressen und Formen. 1841 erhielt Frau Rad die erste Schachtel Würfelzucker der Welt mit einem Inhalt von 360 Stück. Die Firma sicherte sich 1843 bei der Wiener Hofkammer das k. k. Privileg zur Erzeugung, und der Würfelzucker trat von Dačice aus seinen Siegeszug um die Welt an.

Adresse Pomník kostky cukru v Dačicích, Göthova 112, 38001 Dačice | ÖPNV Zug- und Busverbindungen von Jihlava und Slavonice, Bahnhof im Nordosten der Stadt, zehn Gehminuten zum Zentrum, Denkmal im Park beim Turm der Kirche St. Laurentius | Anfahrt von Kunžak oder Slavonice auf der 151, von Telč auf der 406 nach Dačice, dort ins Ortszentrum | Tipp Das architektonisch bemerkenswerte Schloss in der Havlíčkovo náměstí 85 beherbergt das Stadtmuseum, in dem auch die Geschichte der Zucker(würfel)-Erzeugung umfassend dargestellt ist (Feb.–Dez. Di–Fr 9–12 und 13–16 Uhr, im Sommer auch am Wochenende).

40_Die Heilquelle

Weiches Wasser löscht den Durst

Es liegt am Granit. Oder an den gesunden Böden. Und an der frischen Luft. Sicherlich auch an den ausgedehnten moosbewachsenen Wäldern. Und an der Zeit. Jedenfalls verfügt Südböhmen über einen Bodenschatz, um den es viele andere Landstriche beneiden: Wasser, klar wie Kristall, weich wie Samt.

Durch den Waldboden gesickert und filtriert, tief in der Erde geschützt, seit über 15.000 Jahren frisch. Auf seinem Weg reicherte es sich mit vielen Mineralien an, aber kaum mit Kalk, der im böhmischen Granithochland nur eine untergeordnete Rolle spielt. Fazit: Das Wasser ist ungewöhnlich weich, perfekt zum Bierbrauen, aber auch optimal zum Trinken geeignet – und gesund.

Wenn uns dieser Bodenschatz ganz von selbst an einem Ort entgegenplätschert, dann hat das etwas von einem Wunder, und es ist alles andere als lächerlich, dass Quellen bei unseren Vorfahren als heilig galten. Einer dieser Quellen schrieb man eine besonders heilende Wirkung zu, und viele Menschen wurden von ihr angezogen. Das Pilgerbächlein wurde rasch zum Pilgerstrom, der auch Spendengelder mit sich brachte. Die riesige barocke Wallfahrtskirche Maria Trost wurde errichtet – im Volksmund »Brünnl« oder »südböhmisches Lourdes« genannt. Am Rücken des Kuhberges blickt sie weit in die Landschaft. Sie wurde zu einem der beliebtesten Wallfahrtsziele der österreichisch-ungarischen Monarchie mit bis zu 50.000 Pilgern pro Jahr.

Das Trinkwasser dieser Gegend zu nutzen verstand schon die Gräfin Maria Magdalena Buquoy, die die Stadt Nové Hrady durch Holzrohre mit Trinkwasser versorgen ließ. In etwas größerem Maßstab geschieht das seit 1992 bei Byňov, einem kleinen Ort am Rand des Roten Moors. Hier wird unter strengsten Naturschutzbedingungen natürliches Mineralwasser zutage gefördert und abgefüllt, und so man kann in der ganzen Tschechischen Republik ein bisschen Südböhmen trinken. Der Name: Dobrá Voda – Gutes Wasser.

Adresse Dobrá Voda, 37335 Horní Stropnice | **Anfahrt** von Horní Stropnice auf der 5416, nach 1,8 Kilometern nach links und zur Kirche | **Tipp** Červené blato, das Rote Moor, ist ein Naturjuwel und auf Wanderwegen und Holzstegen begehbar. Parkplatz und Eingang liegen an der 154, circa acht Kilometer von Nové Hrady entfernt Richtung Třeboň.

41 Die Smetana

Auf den Wellen des Tschechischen Meeres

Zwei Flöten singen die zarten Weisen der beiden Quellen, aus denen die Vlatava entspringt. Der Fluss bahnt sich seinen Weg, wird breiter, mehr und mehr Streicher setzen ein. Jagdhörner, Hochzeitstänze, paukenschlagende Stromschnellen und Nymphen im Mondschein – eine Welt entlang eines Gewässers. Jeder hat zumindest Ausschnitte im Ohr – die Rede ist von Friedrich Smetanas »Die Moldau«.

In der ganzen Welt, aber vor allem in der Tschechischen Republik tragen Straßen und Konzertsäle seinen Namen. So wundert es nicht, dass »Smetana« auch ein Schiffsname ist. Ursprünglich als Passagierschiff für die Nordsee erbaut, gelangte die »Smetana« nach mehrjähriger Zwischenstation als Ausflugsschiff am Rhein ans »Tschechische Meer« – den Lipno-Stausee.

Das Meer der Tschechen war in den Zeiten des Kalten Krieges nicht nur bei den Einheimischen sehr beliebt, es kamen auch viele Urlauber aus anderen kommunistischen Ländern, zum Beispiel aus Ostdeutschland. Sehr verlockend war der Blick von den Bergen rund um den Stausee in die »Freiheit« nach Deutschland und Österreich. Das andere war aber auch das Gefühl, hier weniger überwacht zu sein als in den größeren Städten, vor allem auf einem Boot oder Schiff.

Erst bei einer Fahrt mit einem der drei großen Ausflugsschiffe – neben der »Smetana« stehen noch die »Adalbert Stifter« und die »Vltava« zur Verfügung – werden die Dimension und die Schönheit des Sees so richtig deutlich. Die bewaldeten Buchten, die uferseitigen Ansichten der entzückenden Städtchen und die kleinen grünen Inselchen sind vom Land aus gar nicht wahrnehmbar.

Die Schiffe sind aber auch sehr bequeme und günstige Transportmittel, wenn man zum Beispiel von Frymburk nach Horní Planá möchte. Meist kann auch das Fahrrad mitgenommen werden. Im Sommer werden Abendfahrten mit Musik angeboten – vielleicht sind dann auch die Klänge von Smetanas »Moldau« zu hören.

Adresse Fährhafen Frymburk, Vodní nádrž Lipno I, 38279 Frymburk nad Vltavou | **Anfahrt** von Vyšší Brod auf der 163 Richtung Norden bis Frymburk, nach der großen Brücke die 1. Straße links, am Ufer entlang, an der Autofähre vorbei bis zur Anlegestelle | **Tipp** Ganz in der Nähe, in Hořice na Šumavě, sind im Radiomuseum (Kulturní dům) über 200 historische Radios zu bestaunen. Die technischen Leckerbissen reichen von Philips über Telefunken, Telegrafia, Sigma, Iron, Eumig, Rel und Blaupunkt bis Tesla.

42 Die Aleš-Galerie

Das Haus der schönen Künste

Wenn man den Fußweg von Hluboká nad Vltavou hinauf zum Schloss geschafft hat, muss man noch einmal stark sein. Denn wer sich hier treiben lässt, wird mit dem Touristenstrom unweigerlich in das disneyhafte Märchenschloss geschwemmt. Wer aber gegen den Strom schwimmt und den Eingang zur Aleš-Galerie wählt, wird mit dem Blick in eine der wichtigsten Sammlungen historischer und moderner Kunst in Tschechien belohnt.

Die Aleš-Galerie betreibt drei Standorte, einer ist schöner als der andere. In Budweis im Haus Wortner, einem Gotik-Renaissance-Prachtbau nahe dem Schwarzen Turm, in Bechyne befindet sich die Zweigstelle in der alten Brauerei. Und hier in Hluboká wurde der Reitstall vom Wiener Architekten Franz Beer im neugotischen Stil errichtet – nicht jedermanns Geschmack, passt aber irgendwie zum Windsor-Stil des Schlosses und eignet sich perfekt für Pferde und Kunstwerke. Großartig ist der Verbindungsgang aus Gusseisen, Glas und Treppen.

Hier sind die Pioniere der tschechischen Moderne ausgestellt, eine Seltenheit: Josef Čapek, der Maler und Schriftsteller, der das Wort »Roboter« erfand, das sein Bruder in die Weltliteratur einführte. Der Kubist Emil Filla oder Marie Čermínová, die Vertreterin des Poetismus und Surrealismus mit dem Künstlernamen Toyen. Aber auch die 1950er Jahre waren in Böhmen innovativ, wie Vladmír Boudník, der – wohl einzige – Vertreter des »Explosionalismus« mittels Eisentafeln mit Eisenspänen, Magneten und Farben, einer wahrhaft explosiven Mischung, beweist. Und es geht noch moderner: mit Strichzeichnungen aus der aktuellen Fantasy-Kunstwelt. Endlich einmal keine alten Dinge, möchte man denken, verlässt die Galerie, vorbei an den bunten und berührenden gotischen Holzskulpturen aus der »schönen Periode«, und ist schon wieder in der Vergangenheit. Madonnen – auch für moderne Menschen und Atheisten –, einfach zum Niederknien.

Adresse Alšova jihočeská galerie, Zámecká jízdárna 144, 37341 Hluboká nad Vltavou | **Anfahrt** auf der 105 von Budweis Richtung Norden, zehn Kilometer bis Hluboká nad Vltavou, Parkplätze in der Stadt, zehn Minuten zu Fuß zum Schloss, Zufahrt für Menschen mit Behinderung möglich | **Tipp** In Bechyne befinden sich nicht nur eine herausragende Keramikschule und mehrere europäische Keramik- und Porzellanfabriken, sondern auch das internationale Keramikmuseum. Man wird erstaunt sein, welche modernen Ausdrucksformen dieses Material ermöglicht.

43 Die Dorfkulisse

Wer gewinnt den Schönheitswettbewerb?

Natürlich ist dieses kleine Dorf längst kein Geheimtipp mehr. Schließlich verschafft die Auszeichnung »Weltkulturerbe« internationale Aufmerksamkeit und entsprechende Touristenströme. Aber man muss es einfach gesehen haben. Ein buntes Dörfchen, in dem ordentlich aneinandergereihte Bauernhöfe einen Dorfplatz mit Teich umrahmen. Was sich hier darstellt, ist die perfekte Vereinigung von Individualität und Gemeinschaft. Einerseits stehen die Häuschen im dörflichen Verband Schulter an Schulter wie eine Sportmannschaft, andererseits will sich dann doch jedes vom anderen abheben. Im 19. Jahrhundert entwickelte sich bei den Renovierungsarbeiten ein richtiger Schönheitswettbewerb unter den Häusern. Sie erhielten im Schminksalon der Baumeister farbenprächtige Fassaden, phantasievolle Giebel und kunstvolle Schnörkel.

Das ist der Zauber des südböhmischen Bauernbarocks, der funktional angelegte mittelalterliche Wohnsiedlungen zu märchenhaften Dörfern umgestaltete. Der schöne Schein versteckt jedoch die Schattenseiten der Geschichte. So ahnt man heute nicht mehr, dass die Pest den Ort einmal völlig entvölkert hatte, er musste komplett neu besiedelt werden. Nach 1945 erlitt das Dorf das Schicksal vieler deutschsprachiger Dörfer und wurde wieder menschenleer, eine neuerliche Ansiedlung gelang kaum. Das Dorf Holašovice war so klein und unbedeutend, dass die folgenden Jahrzehnte der Modernisierung völlig spurlos an ihm vorübergegangen sind.

So stellte es 1972 die perfekte Kulisse für die Verfilmung von »Die verkaufte Braut« von Friedrich Smetana dar. Im Zuge dessen wurde der Ort erstmals bekannt, es folgten die Auszeichnung durch die UNESCO und eine minutiöse Renovierung, für die EU-Mittel bereitgestellt wurden.

Als Besucher kann man sehen, dass hier letztlich nicht ein einzelnes Gebäude, sondern der ganze Ort den Schönheitswettbewerb gewonnen hat. Gemeinsam einzigartig.

Adresse Holašovice, 37384 Jankov | **Anfahrt** von Budweis auf der 12253 Richtung Záboří, nach 13 Kilometern links nach Čakov abbiegen, noch drei Kilometer zum Ziel | **Tipp** Das Ensemble des Südböhmischen Theaters hat in Holašovice »Die verkaufte Braut« als Open-Air-Operette mit großem Erfolg aufgeführt. Konzert- und Opernfans sind im Südböhmischen Theater in Budweis bestens aufgehoben und können dort das klassische Repertoire von Mozart bis Orff auf internationalem Niveau genießen (www.jihoceskedivadlo.cz).

44 Der 15. Längengrad

Eine Linie, die Ordnung schafft und Glück bringt

Das Leben ist unberechenbar, die Natur voller Überraschungen und die Erde nicht ganz rund. Das menschliche Bedürfnis nach Ordnung ließ den deutschen Kartografen Gerhard Mercator im Jahr 1569 in Gedanken die Weltkugel mit einem Netz aus Linien überziehen. Er kannte das Koordinatensystem und übertrug es auf den Raum. 360 Längslinien, vom Nordpol zum Südpol, die sich im rechten Winkel mit 180 Querlinien kreuzen, die rund um den Globus führen. Mit nur zwei Zahlenangaben lässt sich so jeder Punkt der Erde angeben. Ein System, das heute aus unserer akribisch vermessenen Welt nicht mehr wegzudenken ist. So zeitgeistig und modern GPS klingen mag – das Prinzip stammt schon aus der Renaissance.

Die genaue Festlegung des Nullmeridians, also der Ausgangslinie der Längengrade, erfolgte erst später, das unbedeutende Greenwich, eine Stadt in der Nähe von London, setzte sich dabei gegen andere Kandidaten durch und wurde weltbekannt.

15 Grad östlich davon befindet sich der 15. Längengrad, und der kennt keine Kompromisse. Er liegt in der Mitte der Mitteleuropäischen Zeitzone, und hier steht die Sonne – anders als beim Nullmeridian – um 12 Uhr mittags exakt im Zenit. Und das entlang der ganzen 20.000 Kilometer. Von Spitzbergen verläuft der 15. Längengrad über Norwegen, Dänemark, Schweden nach Görlitz in Deutschland, Gmünd und Graz in Österreich und Ljubljana in Slowenien, dann über Kroatien und Italien nach Marsaxlokk auf Malta, weiter übers Mittelmeer, längs des afrikanischen Kontinents durch Kinshasa bis zum Südpol. Und zwischendurch mitten durch die Stadt Jindřichův Hradec.

Hier kann man die abstrakte Linie tatsächlich sehen und an ihr entlanggehen. Zwischen Kirche und Jesuitenkloster ist sie im Kopfsteinpflaster mittels Längssteinen und Messingstreifen markiert. Und es soll Glück bringen, darüberzugehen. Jedenfalls kann man anschließend sein Mittagessen einnehmen, pünktlich um 12 Uhr.

Adresse Za Kostelem, 37701 Jindřichův Hradec | ÖPNV Zugverbindung über Veselý nach Budweis und Prag, Busse aus allen Richtungen | Anfahrt auf der 34 von Budweis über Třeboň nach Jindřichův Hradec, Meridian an der Ecke der Kirche Maria Himmelfahrt und der Kaple sv. Máři Magdalény | Tipp Der 15. Meridian weist direkt ins hochinteressante Museum für Fotografie, man sollte ihm unbedingt dorthin folgen.

45 Die Energiemühle

Die Kunst, aus einem Teich Strom zu machen

Es war kein Scherz. Eher war es ein kleines Wunder, als am 1. April des Jahres 1888 in Jindřichův Hradec zum ersten Mal die elektrischen Lichter angingen. Die südböhmische Stadt war damit eine der ersten, die über eine öffentliche Beleuchtung verfügten.

Dem kleinen Wunder waren eine kühne Vision und große Anstrengungen vorausgegangen. Karel Jičinský, der fähige Manager des großen Gutes des Grafen Eugen Czernin, stets auf dem neuesten Stand der Entwicklung, fuhr nach Paris und traf auf der dortigen Wirtschaftsausstellung mit dem tschechischen Erfinder František Křižík zusammen. Dieser hatte Bahnbrechendes im Bereich der Elektrotechnik geleistet. Er hatte die Straßenbahn in Pilsen und Prag geplant und die erste elektrifizierte Eisenbahn der Monarchie über die Bechyner Brücke konstruiert. Er wurde oft als »böhmischer Edison« bezeichnet und verfügte zwar über dessen Erfindergeist, aber nicht über dessen Geschäftssinn.

Wie auch immer, der Erfinder und der Gutsverwalter vereinbarten die Errichtung eines Kraftwerks und die Beleuchtung der Stadt Jindřichův Hradec. Sie wählten als Standort die wunderschöne, aber kaum rentable Renaissance-Mühle, begannen im Jänner 1887 mit der Installation der Dynamomaschine und dem Verlegen der Leitungen, und schon im März konnte die erste Probebeleuchtung am Marktplatz erfolgen. Nur ein Jahr später erstrahlte die gesamte Stadt – mit Hilfe des Stroms aus der alten Mühle. Das Wasser kam allerdings nicht vom Mühlbach, sondern wurde direkt aus dem Teich Vajgar abgeleitet und konnte so stufenlos reguliert werden.

Das Mühlengebäude befindet sich unterhalb der Burg außerhalb der nördlichen Stadtmauer und ist heute noch ein architektonisches Schmuckstück, seit 500 Jahren fast unverändert. Wappen und Inschriften zieren die Fassade über dem Portal und erzählen stolz die Geschichte der Mühle, die zum E-Werk und zum Museum wurde.

Adresse Zamecky Mlýn, Pod hradem 280, 37701 Jindřichův Hradec IV | **Anfahrt** vom Platz des Friedens – náměstí Míru – Richtung Westen zum Stadtmuseum, links hinter diesem in die Gasse Pod hradem | **Öffnungszeiten** Mai–Okt. Di–So 10–18 Uhr | **Tipp** Spaziert man zwischen der Schlossmauer und dem Fluss Nežárka 200 Meter weiter, stößt man auf eines der schönsten Renaissancegebäude nördlich der Alpen: das Rondel. Früher spielte das Orchester in einem Raum unter dem Boden, um die Architektur nicht zu stören, die Musik kam durch Schlitze im Fußboden. Hier finden noch immer Konzerte statt.

46 Die Krippe des Krýza

Das Lebenswerk eines Strumpfmachermeisters

Auch wenn es kein allzu geheimer Geheimtipp ist – steht es doch im Guinnessbuch der Rekorde: Dieses Kunstwerk darf einfach nicht fehlen!

Vor dem »Regionalmuseum« in Jindřichův Hradec sollte man innehalten und das Renaissancegebäude des ehemaligen Jesuitenseminars auf sich wirken lassen. Denn seit 500 Jahren atmet das schmucklose Haus Geschichte ein und aus. Es beherbergt neben einer Bibliothek samt Forschungsraum Arbeits- und Archivräume, Sonder- und Dauerausstellungen sowie den Publikumsmagneten im ersten Stock: die größte mechanische Weihnachtskrippe der Welt. 1.398 Menschen- und Tierfiguren, davon 133 beweglich, wurden aus Holz und einer speziellen Mischung aus Mehl, Sägespänen, Gips und Leim gefertigt. Sie hat eine Fläche von 60 Quadratmetern, ist 17 Meter lang und ragt zwei Meter in die Höhe.

Weihnachten 1847 sah Tomáš Krýza mit neun Jahren die prächtige Krippe seines Onkels. Sein Entschluss stand fest: Er würde auch so etwas bauen! Als der gelernte Strumpfmacher 18 war, begann er mit den ersten Figuren. Sein Werk wuchs und wuchs. Immer wieder taten sich Probleme auf, aber er löste alles auf einfachste Weise mit dem, was er so zu Hause hatte: mit einer Garnspule, einer alte Nudelwalze oder dem Teil eines Spinnrads. Die Figuren verband er mit Drähten und brachte sie auf Bändern an, so schaffte er es, alle beweglichen Teile mit nur einem einzigen Motor anzutreiben. Jahr für Jahr zeigte er seine Fortschritte der Öffentlichkeit. Und immer war seine Krippe größer geworden. Erst sein Tod, 60 Jahre nach seiner ersten Figur, beendete seine Arbeit.

Sein Lebenswerk ermöglicht einen Blick in den Alltag der Menschen Ende des 19. Jahrhunderts. Neben der Heiligen Familie und den Heiligen Drei Königen tut sich eine Welt voller Träume und Wahrhaftigkeit auf, in der der Apfelhändler mit Tirolerhut, die Bäuerin und der Turmwächter genauso Platz finden wie die Flucht nach Ägypten.

Adresse Muzeum Jindřichohradecka, Balbínovo náměstí 19/I, 37701 Jindřichův Hradec | Anfahrt von Nová Bystřice auf der 128 Richtung Norden, geradeaus auf der Vidénská, nach der Brücke links in die Rybniční, am Stadtplatz parken, im Nordwesten in die Komenského, an deren Ende links | Tipp Im Regionalmuseum befinden sich noch einige andere höchst spannende Ausstellungen, die aus der Sammlung der über 100.000 musealen Besonderheiten immer wieder neu zusammengestellt werden.

47_Das Sitzportal

Wo man sich zum Schwatzen und Schwitzen traf

Bei all der Schönheit, die es in dieser Stadt zu bewundern gibt, ist ein Sitzplatz zum Verweilen höchst willkommen. Besonders wenn man den ausgedehnten Platz mit seinen abwechslungsreichen Fassaden und den schönen gewölbten Laubengängen schon einmal umrundet hat und zum Schloss unterwegs ist. Hier steht das Haus mit den beiden wohl ungewöhnlichsten Sitzplätzen direkt am Eingang. Nicht vor und nicht hinter dem Eingang wurden sie angebracht, sondern direkt in das prächtige Renaissance-Portal integriert. Man weiß, dass diese Sitze zeitgleich mit dem prächtigen Hauseingang hergestellt wurden. Man weiß – denn das kann man an der Konzeption, an den Verzierungen und dem Schriftband erkennen –, dass es sich um hervorragende Steinmetze gehandelt haben muss. Und man weiß auch, wann das war: im Jahr 1550. Was man nicht weiß, ist, warum diese Sitzflächen genau hier geschaffen wurden. Ist der Stein gesprungen und man wollte die Scharte mit einer originellen Umgestaltung kaschieren? Oder hat es doch mit der Funktion des Gebäudes zu tun?

Es war im Spätmittelalter im Besitz des Rates, also öffentliches Gut, und diente »zum gemeinsamen Wohl« als Badehaus. Später wurde es an private Betreiber vermietet und schließlich an den Bader Kašpar verkauft, der es wohl zu Marketingzwecken mit einem überaus einladenden Eingang ausstatten ließ. Hier konnte man Wasch- und Schwitzbäder nehmen oder sich rasieren lassen. Auch die eine oder andere kleine gesundheitliche Reparatur, vom Heilen von Hühneraugen bis zum Aderlass, nahm der Bader persönlich vor.

Vielleicht saß mancher Gast im Bademantel dampfend in der Eingangstür, um ein bisschen zu verschnaufen. Oder der Bader selbst nutzte einen der Sitze, um wortgewandt Werbung zu machen und Passanten als Kunden zu gewinnen. Von seinem Selbstbewusstsein und einem guten Gang der Geschäfte zeugt dieses Eingangstor. Das ist jedenfalls bekannt.

Adresse Dobrovského, 37701 Jindřichův Hradec | Anfahrt über die E 551 und die 24 nach Jindřichův Hradec, öffentlicher Parkplatz südlich des Stadtplatzes, Gebäude an der südöstlichsten Ecke des Platzes beim Durchgang zum Schloss | Tipp Es muss ja nicht immer alles typisch tschechisch sein. Wer am Platz an der Ecke Dobrovského im netten Café »junto a la Palmera« einen Cocktail in der Sonne genießt, fühlt sich wie im Süden. Nicht umsonst heißt es ja »Südböhmen«.

48 Die Tapisserie-Werkstatt

Das Wissen der Welt verweben

Eine der wenigen Manufakturen auf der Welt, die noch imstande sind, große Wandteppiche zu weben oder alte Gobelins originalgetreu zu restaurieren, befindet sich in Jindřichův Hradec und hat – wie so vieles in Böhmen – mit altem Handwerk, einer weltgewandten, mutigen Persönlichkeit und einer Brauerei zu tun. Das Bier spielt hier ausnahmsweise eine untergeordnete Rolle. Lediglich das Gebäude, in dem die Werkstatt untergebracht ist, war einmal eine Brauerei, und zwar die, in der der später weltberühmte Bedřich Smetana aufwuchs.

Aber nun zur Hauptfigur dieser Geschichte: Marie Hoppe Teinitzerová war ein intelligentes und wissbegieriges Kind, dem der Weg ins Gymnasium als junges Mädchen verwehrt war. Sie nahm Privatunterricht in Klavier, Deutsch und Französisch, las Weltliteratur. Südböhmen wurde ihr bald zu eng, sie besuchte eine Malschule in Wien, dann als erste Frau die Kunstgewerbeschule in Prag, wechselte an die Höhere Webschule in Berlin. Ihre Studienreisen führten sie durch ganz Europa. In Paris lernte sie die Gobelin-Werkstätten kennen.

Mit diesem Wissen ausgestattet, gründete sie zuerst in Prag im Jahr 1908 den Künstlerverein Artěl, dessen Ziel es war, das Leben der Menschen mit Hilfe von Kunst zu verbessern, und wenig später in Jindřichův Hradec ihre eigene Werkstatt. Die Aufträge kamen bald schon von höchster Stelle, sogar vom Präsidenten. Die Muster lieferten ihre Freunde aus der Prager Künstlerszene; alle, die Rang und Namen hatten, arbeiteten mit der Ausnahmekönnerin zusammen.

Ihre Wandteppiche wurden auf der Weltausstellung in Paris mit dem Grand Prix ausgezeichnet. 1948 webte die Werkstatt noch einen großen »karolingischen Wandteppich« für die Karls-Universität in Prag, dann wurde der Betrieb verstaatlicht. Nachdem er der Familie Teinitz 1990 wieder zurückgegeben wurde, ist er heute eine offene Werkstatt für seltenes Handwerk mit einem breiten Kursangebot.

Adresse Pivovar zámecký, Dobrovského 2, 37701 Jindřichův Hradec | ÖPNV Zug von Budweis mit Umstieg in Veselý in etwa 70 Minuten | Anfahrt auf der E 55 bis Veselý, dann rechts auf der 23 nach Jindřichův Hradec, Werkstatt direkt neben dem Schloss | Tipp Das Gebäude, in dem sich die Werkstatt befindet, ist einen Blick wert: In den Jahren 1831 bis 1835 wurde es vom Brauer František Smetana gepachtet. Sein Sohn Bedřich (Friedrich) Smetana wuchs hier auf, spielte im Hof und wurde später ein weltbekannter Komponist, dem eine Gedenktafel an der Wand der ehemaligen Schlossbrauerei gewidmet ist.

49__Die Vajgar-Insel

Ein Blumenstrauß für die Gräfin

Der große Teich, der Jindřichův Hradec zu einer Küstenstadt macht, sieht aus, als wäre er schon ewig hier. Kaum vorstellbar, dass es sich auch hier um ein von Menschen geplantes und in die richtigen Bahnen gelenktes Gewässer handelt. Allerdings wurde er so sehr in Einklang mit der Natur angelegt, dass dem seit fast 1.000 Jahren bestehenden Teich nichts Unnatürliches anhaftet. Heute ist er ein Paradies für Seerosen und Schilfgewächse, Frösche und Wildenten. Der Grund seines Entstehens war aber kein ökologischer, sondern ein ökonomischer. Vielfältiger Nutzen stand im Vordergrund.

Er war ein Löschteich, man wusch darin die Wäsche. Im Archiv findet man auch Anträge zur Genehmigung von privaten Badeplätzen und für den Bootsverkehr. Und jahrhundertelang wurden im Winter Eisblöcke aus ihm geschnitten und in die Stadt gebracht, wo sie die Keller der Fleischereien, Gasthäuser und Brauereien im Sommer kühlten. Sein Wasser trieb Mühlen an und später sogar ein Elektrizitätswerk.

An erster Stelle aber stand die Produktion von Speisefischen, vorwiegend Karpfen. Alle drei Jahre wird das Wasser des Vajgars ausgelassen, die Fische werden aus dem verbleibenden Flachwasser entnommen, anschließend wird der Teich wieder aufgefüllt. Eine vertraglich festgesetzte Anzahl an Fischen erhielt seit seiner Gründung 1399 das Spital für die Armen und Kranken als Geschenk. Aber um dieses Geschenk geht es hier nicht.

Es geht um jenes, das der Gutsbesitzer und Schlossherr Jaromir Graf Czernín seiner Frau Karoline im Jahr 1860 zu deren 40. Geburtstag machte – nicht weniger als eine Insel. Dieses kleine Baumbüschel inmitten des Teichs wurde mit Pfählen und Erde errichtet und war wohl der größte Blumenstrauß, den Gräfin Karoline je erhalten hat. Die Insel wurde mehrfach saniert und kann heute noch bewundert werden. Vom Schlossturm aus oder einfach von der Brücke, die über den Teich in die Altstadt führt.

Adresse Vajgar, 37701 Jindřichův Hradec, GPS: 49.142965, 15.007014 | **ÖPNV** Züge von Budweis und Prag über Veselý, Busse aus allen Richtungen, vom Bahnhof auf die Straße Videnska, über die Brücke über den Vajgar in die Stadt, Insel rechter Hand | **Anfahrt** auf der 34 von Budweis über Třeboň nach Jindřichův Hradec | **Tipp** Die ehemalige Kirche St. Elisabeth hatte schon viele Funktionen: Als gotische Kirche errichtet, wurde sie vom Deutschen Ritterorden verwaltet, brannte mehrmals ab und wurde wiederaufgebaut. 1828 hat man sie in Wohnungen und eine Schmiede umgewandelt, in den 1980er Jahren war sie ein Restaurant. Bald wird sie wohl eine Pension sein. Wer weiß?

50 Die Weiße Frau

Ein Schreckgespenst, das Brei verschenkt

Mit seinem imposanten, zum Schloss gewandten Erker lockt das Hotel-Restaurant Zur Weißen Frau mit Gastgarten zahlreiche Besucher an. Und wenn man dort drinnen dann ein herrliches böhmisches Gulasch in historischem Ambiente verspeist hat, drängt sich die Frage auf: Wer war die Weiße Frau? Und spukt sie noch immer? Eine durchaus berechtigte Frage. Auf vielen Schlössern in Böhmen wird die »Bílá paní«, die Weiße Frau, in Sagen beschrieben, oft als Vorbotin von großem Unglück. Im Schloss Český Krumlov steckt hinter der Weißen Frau die unglückliche Perchta von Rosenberg, die gegen ihren Willen mit dem Grobian Johann von Liechtenstein verheiratet wurde und deren Ehehölle erst mit dem Tod des Gatten endete. Seit ihrem Tod erscheint die Witwe in einem wallenden weißen Gewand, mit Schlüsseln am Gürtel. Ihr Lachen bedeutet künftiges Glück für das Haus. Wird sie aber mit schwarzen Handschuhen und schwarz verschleiertem Gesicht gesehen, kündigt ein großes Unglück und Tod an.

In Jindřichův Hradec ist die Weiße Frau weniger angsteinflößend und eine durchaus gütige Gestalt, die süßen Brei kocht und diesen an arme Kinder verteilt. Sie geht nicht nur auf Perchta von Rosenberg, sondern auch auf die Gräfin Marketa von Hardegg, die Witwe des Neuhausers Heinrich II., zurück, die sich ins Kloster nach Krumau zurückgezogen hatte und im weißen Ordensgewand ihre Kinder in Neuhaus besuchte. Sie wird auch mit den traditionellen Armenspeisungen in Verbindung gebracht, bei denen Menschen aus der Stadt und der Umgebung versorgt wurden. Wie in den Quellen zu lesen ist, hat man damals Brei »aus Weizengrieß mit warmem Bier und Honig gekocht und mit Mohnöl geschmalzen«.

Im Gasthaus zur Weißen Frau gibt es zwar nichts geschenkt, aber auf der Speisekarte lässt sich in jedem Fall etwas Gutes aus Weizen, Bier und Mohn finden – wenn auch vielleicht nicht in dieser Zusammensetzung.

Adresse Hotel Bilapani, Dobrovského 5, 37701 Jindřichův Hradec | ÖPNV Zug von Veselý, Bahnhof auf der anderen Seite der Stadt, 15 Minuten zu Fuß | Anfahrt an der 34 zwischen Bechyně und Telč, öffentlicher Parkplatz Parkoviště Václavská im Süden der Stadt | Tipp Man muss die Räume, in denen die Weiße Frau spukt, auch von innen gesehen haben. Vom Hotel sind es nur ein paar Schritte zum Schloss Jindřichův Hradec, das nach Prag und Český Krumlov die drittgrößte Anlage in ganz Tschechien ist (April–Okt.).

51 Das Rote Schloss

Märchenhaft schön versteckte Blutflecken

Wenn man von den schmalen Waldwegen aus einen ersten Blick auf den kleinen Teich erhascht, kommt es garantiert zum Wow-Effekt. Mitten im Wasser, als könne es durch die Leichtigkeit seiner Architektur schweben, erscheint über seinem eigenen Spiegelbild ein Märchenschloss wie aus dem Bilderbuch. Idyllisch. Und wären da an schönen Sommertagen nicht unzählige andere Touristen, man hätte das Gefühl, einer der ersten Gäste hier zu sein. Zum Schloss führt eine schmale steinerne Brücke, früher war es eine hölzerne Zugbrücke, die, wurde sie in die Höhe geklappt, das kleine Gebäude zur Bastion machte. Denn Begehrlichkeiten gab es immer wieder; mit so einem Kleinod wollte so mancher seine Baujuwelen-Sammlung krönen.

Das Anwesen wurde mehrmals verkauft, und nicht immer ging der Eigentümerwechsel friedlich vonstatten. Doch Červená Lhota – das Rote Schloss – hat in seiner bewegten Geschichte sein hübsches Gesicht stets bewahrt, wenn es auch mehrmals aufgefrischt werden musste. Im 16. Jahrhundert, so der Volksmund, habe das strahlende Weiß seiner Fassade einen erheblichen Schönheitsfehler erhalten: einen hässlichen Blutfleck unter dem Fenster als Zeugnis eines noch hässlicheren Mordes. Die rote Spur sei nicht mehr wegzuwischen oder zu übertünchen gewesen. Also habe man beschlossen, die gesamte Fassade rot zu streichen. So erklärt man sich, wie das Schloss zu seiner außergewöhnlichen Farbe kam.

Genutzt wurde das Schlösschen auch nach der Verstaatlichung, sei es als Kindersanatorium, als Partylocation kommunistischer Parteigranden oder als Filmkulisse. Hier wurde in den 1970er Jahren der Film »Die Prinzessin auf der Erbse« gedreht, eine russische Produktion, die auch in Westeuropa ein großer Erfolg wurde. Das Rote Schloss machte bei allem ein reizendes Gesicht und blieb bis zum heutigen Tag sagenhaft schön.

Übrigens: Picknickkörbe gibt es an der Kassa – raus auf die Wiese, rein ins Märchen!

Adresse Červená Lhota 1, 37821 Kardašova Řečice | Anfahrt von Šobeslav auf der 13521 Richtung Osten bis kurz vor Nová Ves, an der Kreuzung rechts auf die 12841, nach der Brücke über den Teich bei Dírná links auf die 12838, Weg zum Schloss gut beschildert | Öffnungszeiten April, Okt. Sa, So 9.30–16 Uhr, Mai, Sept. Di–So 9.30–16 Uhr, Juni–Aug. Di–So 9.30–17 Uhr | Tipp Für Märchenfilm-Freunde: Auf derselben Filmrolle, aber 160 Kilometer entfernt befindet sich das zweite südböhmische Schloss, das in dem Film »Die Prinzessin auf der Erbse« seinen großen Auftritt hatte: Schloss Blatá, das etwa 20 Kilometer nördlich von Strakonice liegt.

52 Der Aussichtsturm Klet'

Wie man in 1.000 Metern Höhe die Übersicht behält

Wenn man vom Parkplatz in Krásetín losmarschiert ist und den Aufstieg zum Gipfel geschafft hat, dann hat man auf zwei Kilometern einen Höhenunterschied von über 400 Metern bewältigt und darf durchaus ein bisschen stolz sein. Man sollte aber nicht annehmen, dass man oben auf einsame Weite trifft. Ganz im Gegenteil, der älteste Aussichtsturm Südböhmens ist auch der beliebteste. An schönen Tagen sind es schon einmal über 100 Menschen, die sich hier tummeln, und viele haben den einfachen Weg mit der Seilbahn genommen.

Am Plateau des Klet' – zu Deutsch »Schöninger« – in 1.083 Metern Seehöhe befindet sich nicht nur der Fernseh-Sendemast, der vom Tal aus weithin sichtbar ist, sondern auch das weltbekannte Observatorium, in dem bereits über 1.000 Kleinplaneten entdeckt wurden. Als Besucher benötigt man hier aber kein Fernrohr, um sehr weit sehen zu können. Über ganz Südböhmen reicht der Blick, und an klaren Tagen sogar bis zu den Alpen.

Einer der Ersten, die sich von dieser Aussicht begeistern ließen, war Fürst Joseph Johann Nepomuk zu Schwarzenberg. Als aufgeklärter Regent wollte er dieses Erlebnis mit den Bewohnern des Landstrichs teilen und ließ den massiven und beinahe kitschigen Aussichtsturm errichten, der 1825 eröffnet wurde. Den Bretterverschlag des Wildhüters ersetzte man durch ein großzügiges Gebäude, das recht bescheiden »Theresienhütte« heißt und nach Schwarzenbergs Frau benannt wurde. Sie wird heute bewirtschaftet, denn gutes Essen und Getränke sind nach dem Aufstieg immer willkommen.

Richtig abenteuerlich aber gestaltet sich das Herunterkommen vom Berg. Hier stürzen sich die bekanntlich action- und sportbegeisterten Tschechen mit Fahrrädern zu Tal. Auch Roller können ausgeborgt werden, damit lässt sich dann eine elf Kilometer lange Fahrt durch das geschützte Landschaftsgebiet Blanský les mit einem Höhenunterschied von 570 Metern nach Český Krumlov erleben.

Adresse Klet', Loučej 33, 38203 Křemže | Anfahrt auf der 39 von Český Krumlov Richtung Nordosten, kurz nach Přísečná links in die 1439, in Holubov scharf links auf die 14310 und durch den Ort fahren, durch Krasetín in zwei großen Kurven zum Parkplatz Parkoviště Krásetín, von hier mit der Seilbahn nach oben | Öffnungszeiten Aussichtsturm täglich, Seilbahn in der Nebensaison nur an Wochenenden und Feiertagen | Tipp Nur zehn Kilometer entfernt liegt das berühmte, sehr sehenswerte mittelalterliche Kloster Goldenkron – Zlata Koruna. In seiner Umgebung befinden sich jede Menge touristische Angebote und Gasthäuser.

53 Das Glasmacherdorf

Wo die Hütte ein Haus ist

Der kalte Fluss heißt »Warme Moldau«. Lenora ist ein Ort voller Widersprüche. Einmal sieht er aus wie ein typisches Dorf, dann wieder wie eine Industriesiedlung. Ein gemeinsamer Marktplatz fehlt.

Der ganze Ort war eine Gründung des Glasmachers Johann Meyr, der schon in Silberberg und dann in Vimperk erfolgreich tätig gewesen war. Als Platz und Holz knapp wurden, pachtete er einen Urwald von den Schwarzenbergs und baute eine Glashütte und mehrere Wohngebäude drum herum. Das Dorf wurde nach Prinzessin Eleonore von Schwarzenberg »Eleonorenheim« genannt, die Anlagen gingen 1834 in Betrieb. Holz kam aus der Gegend oder wurde geflößt und bei der überdachten Brücke, dem »Rechen«, aus der Moldau gefischt. Es gelang, die nötige Infrastruktur zu schaffen und auch die richtigen Fachkräfte anzuwerben, Schmelzer und Schürer, Ofenbauer und Hafenmacher, Glasmaler und Graveure, darunter erfahrene Meister, die auch wussten, wie viel Lot Kuhmist für gelbes Topas-Glas hinzugefügt werden mussten. So entstand ein richtiges kleines »Silizium Valley« im Böhmerwald. Arbeiter und Künstler strömten in den Ort, umgekehrt verließen ihn via Eisenbahn Bleikristallvasen und bunte Gläser Richtung England, Russland, USA oder Indien.

Die Glaserzeugung überlebte hier zwei Weltkriege und wurde in der kommunistischen Ära als Staatsbetrieb in großem Stil weitergeführt. 17 Arbeiterhäuser mit 150 Wohnungen entstanden. In den 1990er Jahren folgte der völlige Zusammenbruch. Das Werk schloss, Menschen zogen weg, Häuser verfielen. Der Fabrikschlot wurde kalt, das »Schlösschen« des Glasunternehmers und Meyer-Nachfolgers Králik unbewohnt.

Was blieb: ein sehenswertes Glasmuseum, eine historische überdachte Brücke und ein Gemeinschaftsbackofen, der früher den ärmeren Glasbläserfamilien zur Verfügung stand. Glasmacherhütten werden nun zu Unterkünften. Das Dorf erfindet sich gerade neu.

Adresse ehemalige Glasfabrik, Lenora 96, 38442 Lenora | Anfahrt B 4 vom Grenzübergang Phillippsreut/Strážný Richtung Vimperk, dann scharf rechts auf die 36 | Öffnungszeiten Mai–Sept. Di–So 8.30–12 und 12.30–16 Uhr | Tipp Der Gemeinschaftsbackofen ist wieder in Betrieb. Im Sommer findet jeden letzten Samstag im Monat ein gemeinsames Brotbacken statt, am letzten Samstag im August ein richtiges Backfest.

54 Der Baumkronenweg

Der Böhmerwald von oben

»Grüß mir den Teufelssee, an dessen ewig melancholischen Gestaden ich in meiner Kindheit so oft geweilt, in träumerischen Gedanken, in Zeiten, wo der Wald noch ohne Pfad war, das Holz am Boden faulte und der schrille Schrei eines Raubvogels, das Hämmern eines einsamen Spechts allein die hehre Stille unterbrach«, schrieb der bedeutende böhmische Schriftsteller Karel Klostermann im Jahr 1890 nach einer Wanderung durch den Böhmerwald.

Direkt neben dem Skigebiet am Lipno-Stausee wurde vor einigen Jahren der erste Baumwipfelpfad der Tschechischen Republik geschaffen. Er führt behutsam über die naturbelassene Waldlandschaft und erlaubt allen Furchtlosen, den alten Böhmerwald aus schwindelerregender Höhe zu erleben. Das Gefühl eines Überflugs stellt sich spätestens bei einer der didaktischen Erlebnisstationen in bis zu 24 Metern Höhe ein.

Hoch über dem Boden wird man über die spannende Natur, die vielen Aspekte des Naturschutzes und die zahlreichen Funktionen des Waldes informiert. Das Wegenetz zwischen den Baumwipfeln ist mit mehr als 8.000 Quadratmetern Fangnetzen abgesichert. So können auch weniger Mutige ohne Bedenken aufsteigen.

Am Ende des Lehrpfads ragt der 40 Meter hohe, neunkantige Aussichtsturm über den Baumkronenweg hinaus. Seine luftige Form ist einzigartig und erzeugt wahrlich das Gefühl, wie ein Bussard über die hohen Stämme der Fichten und Kiefern zu gleiten. Dank seines barrierefreien Zugangs ist der Turm für alle zugänglich. Für den Abstieg steht dann auch noch die längste Trockenrutsche der Republik zur Verfügung. Sie ist 52 Meter lang und verläuft in der Mitte des Aussichtsturms. Der Baumkronenweg ist vom Tal aus zu Fuß, mit dem Fahrrad, der Seilbahn oder dem sogenannten Pfadbus zu erreichen. An der Bergstation können Downhill-Roller für die Abfahrt ausgeliehen werden, mit denen man den Böhmerwald rasch wieder verlässt.

Adresse Stezka korunami stromů Lipno, Lipno nad Vltavou 307, 38278 Lipno nad Vltavou | **Anfahrt** von Vyšší Brod auf der 163 nach Norden bis Lipno, am 2. Kreisverkehr die 1. Ausfahrt nehmen und zum Parkplatz fahren, dort Sessellift-Station | **Öffnungszeiten** Jan.–März 10–16 Uhr, April, Mai 10–18 Uhr, Juni–Sept. 9–19 Uhr, Okt. 10–18 Uhr, Nov., Dez. 10–16 Uhr | **Tipp** Wer noch nicht genug vom Klettern hat, dem empfiehlt sich der Hochseilpark gleich neben dem Zentralparkplatz. Die Seilwege mit einer Länge von 500 Metern eignen sich für Kinder und Erwachsene, und der Abschluss mit der »Fly-Rolle« ist ein echtes Erlebnis.

55 Das Kraftwerk

Das Sparbuch des František Prorážka

Erste Pläne für einen Stausee als Schutz vor Überschwemmungen – die Schneeschmelze bedrohte fast jährlich das Umland – lagen bereits Ende des 19. Jahrhunderts auf dem Tisch. Die Verhandlungen mit den Grundstückseigentümern waren jedoch zäh und dauerten viele Jahre. Das war aber nicht nur ein Nachteil, denn neue technische Errungenschaften eroberten die Welt, zum Beispiel die Stromerzeugung durch Wasserkraft. 1950 wurde mit dem Bau der Staumauer und des sehr modernen unterirdischen Kraftwerks zur Stromgewinnung begonnen.

Zunächst bezogen die Mineure ihre Unterkunft, und mit ihnen wurde es laut. Die Explosionen der Dynamitladungen, die Granitfelsen sprengten und Bäume mitsamt Wurzeln aus der Erde rissen, waren monatelang zu hören. Während eines einzigen Jahres wurden 130.000 Kubikmeter Felsen, Erde und Granit ausgehoben. Gleichzeitig arbeitete man in vielen unterschiedlichen Bereichen. In der Überschwemmungszone wurden 550 Hektar Wald gefällt, Caissons, also Senkkästen, in den Boden des künftigen Stausees eingelassen, Schächte gegraben, der Gravitationsblock gebaut. Jahre vergingen, bis der dreieinhalb Kilometer lange Abfalltunnel, der von zwei Seiten gesprengt und gegraben worden war, fertig war. Der Durchbruch fand in der Nacht vom 10. auf den 11. Jänner 1956 statt; nach altem Brauch reichten sich die Arbeiter von beiden Seiten nicht nur die Hände, sondern auch eine Flasche Rum durch das verbindende Loch. Dreieinhalb Jahre lang hatte jeder der Arbeiter ein Prozent seines Lohns auf ein Sparbuch gelegt, das auf den Namen »František Prorážka« (Franz Durchbruch) lief. Jetzt wurden diese gemeinsamen Ersparnisse auch gemeinsam vertrunken.

Im Juni 1959 drehten sich schließlich die vom Wasser angetriebenen Schaufeln der ersten Turbine und setzten den 350 Tonnen schweren Generator in Bewegung; nach nur 60 Sekunden speiste er seine volle Leistung von 60 Megawatt ins Netz ein.

Adresse Vodní elektrárna Lipno, 38278 Lipno nad Vltavou | Anfahrt von Vyšší Brod auf der 163 Richtung Norden bis zur Talsperre | Öffnungszeiten 15. Juni–15. Sept. täglich 10–16 Uhr, Anlage nur bei von Experten geleiteten Führungen zugänglich | Tipp Auf halbem Weg zwischen Lipno und Loučovice findet sich mitten im Wald ein malerisches Steinhaus. Es beherbergt eine kleine Pension mit dem Namen »Chalupa unter dem Lipno-Staudamm« (www.chalupa-pod-lipenskou-hrazi.cz).

56 Der Goldene Kanal

Ein Wanderweg für Fische

In Südböhmen ist einiges anders, als es scheint. Der riesige See ist ein Teich und der liebliche Bach ein Kanal. Vieles von dem, was hier so herrlich natürlich aussieht, ist von Menschenhand gemacht, besser gesagt: von vieler Menschen Hände.

Weil diese landschaftsgestalterischen Meisterleistungen schon seit einigen Jahrhunderten bestehen, sind sie Teil der Natur geworden. Denkbar, dass die einstigen Raumplaner ein größeres Naturverständnis hatten oder einfach weniger technische Möglichkeiten, um »gegen« die Natur zu bauen. Wenn man sich die ausgedehnten Teiche Südböhmens mit ihren Wassermassen ansieht, fragt man sich, wie diese zur »Fischernte« ausgelassen und dann wieder befüllt werden können? Immerhin geht es hier um Milliarden Liter Wasser.

Um dieses Problem zu lösen, war neben den Teichanlagen auch ein System von Gräben zum Ablassen und Befüllen vorgesehen. Der erstaunlichste unter diesen Gräben ist der Zlatá stoka, der »Goldene Kanal«, wie er zu Recht genannt wird. Mit der Ausführung beauftragte der Teichbesitzer Peter IV. von Rosenberg jemanden, von dem man wusste, dass er diese scheinbar unmögliche Aufgabe erfüllen konnte: Štěpánek Netolický. Er vermochte es, mit seinem künstlichen Wasserlauf alle Teiche des Wittingauer Beckens miteinander zu verbinden, einen Kanal von fünf bis acht Metern Breite und 45 Kilometern Länge zu bauen – und das bei einem schwachen Gefälle von nur 31 Metern. Die Planung war eine Millimetersache, der Bau ein Mammutprojekt. 1505 wurde damit begonnen, Netolický nutzte einen noch aus dem Mittelalter stammenden Graben und versorgte alle Teiche mit Wasser, als Fleißaufgabe noch einige Mühlen mit Energie, und der obere Abschnitt konnte sogar zum Holzschwemmen genutzt werden. 1520 war alles fertig. Die Goldenen Zeiten konnten beginnen. Und sie begannen wirklich, wie uns Třeboňs fröhliche Fassaden aus dieser Zeit erzählen.

Adresse Zlatá stoka, 37806 Majdalena, GPS: 48.946146, 14.880416 | Anfahrt von Třeboň auf der Umfahrung rechts zehn Kilometer Richtung Süden auf der E 49 (gleichzeitig 24) durch Majdalena, links vor dem großen Teich Cep einbiegen, Kanalabzweig von der Lainsitz beim Wehr Pilař in der Nähe der Pension Pilař (Majdalena 133) | Tipp Im ehemaligen Haus von Štěpánek Netolický am Hauptplatz von Třeboň (Masaryk Platz 89/1) befindet sich eine neue, ideenreich gestaltete Dauerausstellung zu seinen Werken.

57 Der jüdische Friedhof

Ein »guter Ort« mitten im Wald

Einfach in Frieden leben und arbeiten, eine Familie gründen und letztlich in Frieden sterben und begraben werden, dieser menschliche Urwunsch wurde den jüdischen Gemeinschaften in Europa jahrhundertelang immer wieder versagt. Vorschriften schränkten die Berufswahl ein und sprachen Juden das Recht auf Immobilienbesitz ab. Auf der anderen Seite waren den Herrschenden die Steuerabgaben der jüdischen Gewerbetreibenden sehr willkommen. Sie waren lange Zeit direkt dem König unterstellt, bildeten eigene Gemeinden mit eigenen Gesetzen und höheren Abgaben.

Südböhmen und vor allem Südmähren bewiesen Willkommenskultur, als es 1421 und dann noch einmal 1670 in Wien und Niederösterreich zu Judenverfolgungen kam. Die Gegend wurde zu einem Refugium, in dem sich jüdisches Leben entfalten konnte. Auch Prager Juden zogen aufs Land, wo sie weniger Anfeindungen ausgesetzt waren.

Wirtschaftlich und kulturell machte sich das bisschen Mehr an Toleranz jedenfalls bezahlt. Jüdische Unternehmerfamilien trugen viel zum ökonomischen Aufstieg der Randregionen bei. Auch wenn in Südböhmen große jüdische Gemeinden wie in Mikulov oder Třebíč fehlten, so finden sich Hinweise auf jüdische Familien in fast jeder Kleinstadt. Sogar auf einem Bauerndorf wie Markvaretz ist eine jüdische Gemeinde seit der zweiten Hälfte des 17. Jahrhunderts nachweisbar. Hier wurde eine kleine Synagoge errichtet, das interessante Gebäude steht heute noch mitten im Ortszentrum und musste in seiner traurigen Geschichte auch einmal als Betonwerk herhalten.

Auch ein Friedhof außerhalb des Ortes wurde angelegt. Ein ruhigerer und besinnlicherer Platz ist kaum vorstellbar. Mitten im Wald liegt dieser »gute Ort«, die Inschriften in Hebräisch und Deutsch geben Zeugnis einer – nicht freiwillig – untergegangenen Welt. Hier kann man innehalten und ein Steinchen auf einen Grabstein legen, als kleines Zeichen der Erinnerung.

Adresse Židovský hřbitov Markvarec, 37883 Český Rudolec, GPS: 49.084578, 15.326528 | **Anfahrt** auf der 151 von Dacice nach Kunžak, 500 Meter vor der Ortschaft Markvarec scharf links in den Güterweg, dann zu Fuß in den Wald Richtung Markvarec | **Tipp** Ein verwaister jüdischer Friedhof findet sich auch auf einer Wiese im Norden von Staré Město pod Landštejnem. Anders, aber ebenso berührend.

58 Die Theatermacher

Die große Welt im Zwetschkenhof

Hierherzufinden ist nicht einfach, denn es führen einige Wege am Hof vorbei in die Irre. Ein kleines Dorf mit alten und zum Teil recht verkommenen Gebäuden, bunt verrosteten Maschinenteilen in eingezäunten Gärten und undefinierbaren Zwischenräumen, dann das Schild: »Divadlo Continuo«.

Ein georgisches Volkslied ertönt, schnatternde Gänse begrüßen die Gäste, auf Italienisch wird rezitiert, auf Tschechisch gescherzt und auf Englisch kommuniziert. Eine Frau in buntem Kleid steigt mit ihrem Kind aus einem Zirkuswaggon und füttert die Hühner, die überall herumlaufen. Hier weiß man nie: Was ist Kulisse, was noch im Umbau begriffener Wohnraum? Wann beginnt das Theater – oder ist man schon mittendrin?

Einmal um die Ecke, und man hat einen modernen Theaterhof mit hochprofessionellen Proberäumen, Tanzsälen, Tonstudio und Maskenbildnerei vor sich. Und dann ist da noch ein großer Theatersaal, über den sich ein hölzernes Firmament wölbt. Das kleine Café ist ein offenes Büro. Aber offen ist hier alles: für Interessierte aus dem Dorf und aus der Ferne sowie für Künstler aus der ganzen Welt.

Pavel und Helena Štourač kommen aus der jungen Prager Theaterszene der 1990er Jahre. Sie gingen nach Südböhmen, gründeten mit Gleichgesinnten das Divadlo Continuo, kauften einen verfallenen Hof und alte Zirkuswägen und entwickelten eine ganz eigene, intensive Form des Theaters. Helena sorgt für die beeindruckenden Masken und Kostüme, Pavel ist der künstlerische Leiter der kleinen Truppe. Als Regisseur ist er europaweit begehrt. Divadlo Continuo wurde zu einem Begriff und zu einer der besten Theatergruppen Tschechiens. Das Team wechselt, Künstler kommen, leben und arbeiten hier für ein paar Wochen oder Jahre. Und mit allen wird im Frühsommer eine gemeinsame Produktion erarbeitet. Mit Tanz, Musik und intensiven, unvergesslichen Bildern. Ganz großes Theater im ganz kleinen Dorf.

Adresse Divadlo Continuo, Malovice 35, 38411 Netolice | Anfahrt von Budweis auf der E 49 Richtung Vodňany, immer geradeaus, an der Ausfahrt Richtung Netolice vorbei, noch etwa 2,2 Kilometer, dann bei einem Laden für Äpfel und Erdäpfel links Richtung Malovice, durch Malovičký, bei Malovice links Richtung Teich, Zwetschkenhof nach 200 Metern rechts | Tipp Mehrere Jahre hat das Theater auch rund um das Wasserschloss Kratochvíle gespielt. Es heißt übersetzt »Kurzweil«, und langweilig wird ein Ausflug dorthin sicher nicht (Petrův Dvůr 9).

59__Das Oldtimer-Museum

Von Chrysler bis Lincoln

Ingenieur Pavel Janouš wuchs umgeben von alten Autos und Motorrädern auf, die sein Vater zusammengetragen hatte. Vielleicht stammte dessen Sammelleidenschaft noch aus der Zeit des Eisernen Vorhangs, als man den Tschechen weiß machen wollte, Österreich habe nur einen einzigen Mercedes, der, immer in einer anderen Farbe umgefärbt, für nichts anderes verwendet wurde, als die Grenze entlang gefahren zu werden. Aber das ist wirklich nur eine Vermutung. Auf jeden Fall stammen die ersten Oldtimer im Besitz des Pavel Janouš, ebenso wie seine Liebe zu diesen, von seinem Vater.

Europäische Fahrzeuge aus den 1920er und 1930er Jahren waren für den Hünen einfach zu klein, deshalb legte er sich den einen oder anderen größeren amerikanischen Veteranen zu. Ungefähr zur selben Zeit kaufte die Gemeinde Nová Bystřice die alte Textilfabrik, die seit dem Zusammenbruch der Textilindustrie in der Region leer stand, und suchte nach einer Nutzungsmöglichkeit für die Räumlichkeiten. Pavel Janouš hörte davon und schlug vor, seine Fahrzeuge hier einzustellen. So schuf er das erste und größte Museum für kanadische und amerikanische Oldtimer in der Tschechischen Republik.

Auf einer Ausstellungsfläche von 1.500 Quadratmetern sind nun in neun thematisch gefüllten Hallen Raritäten mit Geschichte zu sehen. Und Geschichten gibt es viele, denn der Museumsdirektor will alles ganz genau wissen, wenn er ein Sammlerstück erwirbt. So steht hier zum Beispiel ein wunderschöner Franklin, das Auto der Tochter des Vizebürgermeisters von Los Angeles, dem die Stadt den berühmten Hollywood-Schriftzug am Hügel verdankt.

Die ausführliche Zeitreise durch die Welt der Automobile beginnt hier im Museum bei den ersten kleinen Schritten der Autoindustrie und führt durch die letzten 100 Jahre, vorbei an glänzenden Karosserien, schnellen Sportwagen, glänzenden Limousinen und legendären Maschinen. Neben der ausgedehnten Ausstellung gibt es hier auch ein Caféhaus und einen Kinderspielplatz.

Adresse Veterán muzeum Nová Bystřice, Vídeňská 136, 37833, Nová Bystřice | **Anfahrt** rechts der Hauptstraße, etwa 300 Meter vom Hauptplatz entfernt Richtung Wien | **Öffnungszeiten** Mai, Okt., Nov. 10–16 Uhr, Juni–Sept. 10–17 Uhr; Erwerb von Sammlerstücken möglich, Museum auch als Location für private Feiern zu mieten | **Tipp** Der dreisprachige Textilweg »Textilní Steska« hat seinen Ausgangspunkt am Hauptplatz von Nová Bystřice und führt zu Fuß oder per Rad über eine Strecke von 25 Kilometern. Infotafeln geben Einblicke in die Geschichte der Textilerzeugung der Region, Ziel ist das Gebäude der ehemaligen ALMA-Textilfabrik, wo das Oldtimer-Museum untergebracht ist.

60 Der Stein der Republik

Ein Wortgefecht in Stein gemeißelt

Das Waldhotel bei Nová Bystřice taucht gerade dann auf, wenn man glaubt, man hätte sich hoffnungslos verfahren. Es steht mitten im Wald, nur wenige Meter von der Grenze entfernt. Umgeben von idyllischer Natur, verblüfft es durch Größe und Stil, wirkt wie irgendetwas zwischen Schlösschen, Villa und Internat – hübsch und erstaunlich. Es ist ein besonderer Ort, geschichtsträchtig in vielerlei Hinsicht.

In den 1920er Jahren wurde das Gebäude als Zollhaus errichtet, anschließend als Kaserne für die Soldaten des frisch aus der Taufe gehobenen Staates Tschechoslowakei genutzt und nach der Annexion der tschechoslowakischen Grenzgebiete von der deutschen Wehrmacht als Erholungsheim für die Hitlerjugend verwendet. Nach dem Zweiten Weltkrieg diente es wieder als Zollhaus und Kaserne, von der aus bis 1989 der Eiserne Vorhang bewacht wurde.

Diese konfliktreiche Geschichte ist auf einem Stein in Form der Tschechoslowakischen Republik verewigt. Selbstbewusst, aber aus berechtigter Angst vor einem Einmarsch der Deutschen, die gerade Österreich »angeschlossen« hatten, meißelte man im Frühjahr 1938 in den Stein: »Naše je a naše zůstane!« – auf Deutsch: »Uns gehört sie und unsere bleibt sie!« Gemeint war die junge Republik. Als im Herbst 1938 Soldaten der deutschen Wehrmacht die Kaserne besetzten, fügten diese hämisch hinzu: »Bis wir kamen!« Der Dialog in Stein endete nach Kriegsende 1945 mit folgendem Spruch: »Pravda vítězí«, was übersetzt bedeutet: »Die Wahrheit siegt«. Dies war der auf Jan Hus zurückgehende Wahlspruch des tschechoslowakischen Staates.

Fast wäre der Stein bei der Renovierung versehentlich zubetoniert worden, aber die neuen Besitzer, die Familie Hauser, haben ihn gerettet. Auch ein Prager Museum wollte ihn haben, doch er war einfach zu schwer. Und so begrüßt er vor dem liebevoll renovierten Hotel die Gäste von beiderseits der Grenze als Symbol der friedlichen Begegnung.

Adresse Nový Vojířov 90, 37833 Nová Bystřice | Anfahrt von Nová Bystřice über die Žižková Richtung Westen der Beschilderung zum Lesní Hotel folgen | Tipp Nur wenige Schritte vom Stein entfernt befindet sich die »Brücke der Liebe«, die der Hotelbesitzer Hauser auf eigene Kosten zum besseren Verständnis der Menschen errichtete und die nun einen direkten Weg zwischen Österreich und Tschechien ermöglicht, den auch Radfahrer gern nutzen.

61_Der Stifter-Obelisk

Ein Titan im Böhmerwald

Der Sohn eines Leinenwebers wuchs in einem sehr kleinen Dorf in einem sehr großen Wald auf. Enge und Weite werden ihn ein Leben lang begleiten. Sein Name ist Adalbert Stifter, er gilt als wissbegierig, man erkennt sein Talent, so kommt er aufs Gymnasium in Kremsmünster in Oberösterreich, wo er lernt, malt und schreibt. Er ist Klassenbester und studiert anschließend Jura in Wien. Seine umfassende Bildung ermöglicht ihm, als Privatlehrer und Vorleser in den besten Häusern zu unterrichten, zum Beispiel bei den Metternichs und Schwarzenbergs. Mit den Naturbeschreibungen seiner Heimat, des Böhmerwalds, wird er zum literarischen Shootingstar, er heiratet und ist als Schulinspektor in Oberösterreich tätig. Nach seinem Tod gilt er als Titan der Literatur.

Die andere Seite: Das Jurastudium bricht er eine Prüfung vor dem Ende ab, Bewerbungen an der Universität vermasselt er, Beziehungskrisen begleiten ihn über die Jugendjahre hinaus, politisch findet er als gemäßigt Liberaler keine Heimat. Sein Einkommen steigt, die Kosten für seinen Lebenswandel steigen mit exorbitant hohen Rechnungen für Wein und Essen aber noch viel mehr. Sechs Mahlzeiten mit mehreren Gängen stehen täglich am Programm. Pfändungen bedrohen immer wieder die Existenz der Stifters. Schweres Essen und Alkohol haben seine Leber geschädigt, er schneidet sich letztendlich selbst mit dem Rasiermesser in den Hals und stirbt zwei Tage später.

Was bleibt: ein Blick in seine Bücher und ein Blick über den Böhmerwald, der immer mit Adalbert Stifter verbunden bleiben wird. Und ein 14,5 Meter hoher Obelisk, den seine Anhänger errichtet haben und der – was ja der Sinn eines Denkmals ist – zu denken gibt. So stehen wir staunend im Böhmerwald wie einst der kleine Leinenweberbub aus Oberplan und lesen den eingravierten Stifter-Text: »Lieg in hohes Gras gestrecket, schaue sehnend nach der Felswand«.

Adresse Stifterův památník, 38451 Nová Pec, GPS: 48.776552, 13.857376 | **Anfahrt** zum Parkplatz Oberschwarzenberg (Steinweg 1) in Deutschland, von dort einfache Gehzeit zwei Stunden; alternativ Wanderweg vom Plöckensteiner See (Plešné jezero) in Tschechien | **Tipp** Wer noch nicht genug Granitsteine gesehen und noch Kraft in den Beinen hat, der kann den Trojmezi besuchen, den Dreiländerstein mit den eingravierten Wappen von Deutschland, Österreich und Tschechien. Er liegt direkt am Wanderweg zum Stifter-Denkmal, wo die drei Staaten aufeinandertreffen.

62 Der Schwemmkanal

Kann Wasser doch über den Berg fließen?

Mit einer Rakete die Schwerkraft überwinden, mit einem U-Boot die Ozeane durchtauchen oder mit einem Kanal die europäische Wasserscheide überwinden – hinter allem stehen Ingenieurleistungen, die sich von einem »unmöglich« nicht haben abbringen lassen.

Der Böhmerwald hatte einen Schönheitsfehler, zumindest für die Wiener Holzhändler des 19. Jahrhunderts. Er verfügte zwar über einen schier unendlichen Holzreichtum, aber die Bäche flossen in die falsche Richtung, nämlich in die Moldau und nicht in die Donau. Auf 790 Metern Höhe liegt hier die europäische Wasserscheide, und Wasser kann nun mal nicht von selbst bergauf fließen.

1774 legte der Forstingenieur und Landvermesser Josef Rosenauer dem Fürsten Schwarzenberg, in dessen Diensten er stand, einen bemerkenswerten Plan vor. Er hatte alles fein säuberlich vermessen und den Niveauunterschied zwischen der einen und der anderen Seite entdeckt. Bei richtiger Trassenführung und mit dem Bau von Tunnels könne man einen Bach so umleiten, dass dieser nicht in die Moldau, sondern über die Mühlviertler Bäche in die Donau fließe, meinte er. Einige Jahre später wurde der Plan unter seiner Leitung sukzessive umgesetzt, und Hunderttausende Kubikmeter Holz erreichten die wachsende und nach Energie hungernde Reichshauptstadt Wien.

Rosenauer war aber nicht der einzige Held, viele Menschen aus der Region und Saisonarbeiter sorgten – oft unter Lebensgefahr – für den Transport. Aufgestautes Wasser in Schwemmteichen wurde abgelassen und nahm das Holz, von Triftern kontrolliert, mit. Besonders gefährlich wurde es, wenn sich die Holzbalken in einem Tunnel oder unter einer Brücke »verklausten«. Dann mussten junge, kinderlose Burschen eingreifen und wieder für den Durchfluss sorgen. Rosenauer hat seine Gedenktafel erhalten, an die Holzarbeiter erinnern heute regelmäßige Schautriften, die zu Tourismus-Events geworden sind.

Adresse Schwarzenberský kanál (Tunel), Jelení, 38451 Nová Pec, GPS: 48.816533, 13.877428 | **ÖPNV** mit dem Zug bis Nová Pec, von dort anderthalbstündige Wanderung | **Anfahrt** von Český Krumlov auf der 39 über Horní Plana nach Želnava, von dort zehn Kilometer Richtung Südwesten durch den Böhmerwald bis Jelení | **Tipp** In Jelení befinden sich in der Scheune des Hauses mit der Nummer 13 ein Modell des Kanals und eine kleine Ausstellung. Das Museum des Schwarzenberg'schen Schwemmkanals steht in Chvalšiny bei Český Krumlov, wo am Haus mit der Nummer 118 auch zwei Rosenauer-Gedenktafeln aus den Jahren 1928 und 1991 angebracht sind.

63 Das Apothekencafé

Wohlbefinden ohne Krankenschein

Arzneien dürfen hier nicht mehr verkauft werden. Die hübschen goldverzierten Medikamenten-Schubladen sind leer, und das schon seit Jahrhunderten. Dennoch wird in diesen Räumen täglich die Stärkung des Kreislaufs mittels Kaffee praktiziert, außerdem verabreicht man Schokolade und Süßspeisen mit stimmungsaufhellender Wirkung. Wie überhaupt ein Aufenthalt in diesem besonderen Café unweigerlich eine Verbesserung des allgemeinen Wohlbefindens zur Folge hat.

Die Familie von Buquoy hatte seit dem 17. Jahrhundert die Herrschaft über Gratzen – wie der historische Name von Nové Hrady lautet – inne. Sie waren moderne Menschen, wissenschaftlich interessiert und immer am Stand der Zeit. So durfte in ihrer Residenz am Stadtplatz eine Hof-Apotheke nicht fehlen. Schon 1667 findet man in den Aufzeichnungen über die »Landschafts-Apotheke« eine umfangreiche Inventarliste mit Medikamenten, medizinischen Behältnissen und Apparaturen zur Herstellung von verschiedenen Arzneien. Später wurde die Apotheke ins Servitenkloster verlegt, wo sich die Mönche um den Betrieb kümmerten. Irgendwann war sie veraltet, genügte den strengen Vorschriften der medizinischen Fakultät in Prag nicht mehr und musste geschlossen werden. Die gesamte Einrichtung wanderte in einen Abstellraum in der Burg und wurde vergessen.

Südböhmen lehrt uns, wie vorteilhaft es mitunter sein kann, für eine gewisse Zeitspanne nicht beachtet zu werden, um so die eigene Schönheit bewahren zu können. Kurz vor dem Jahr 1998 wurde die vollständig erhaltene Einrichtung mit dem umfangreichen Zubehör wiederentdeckt, restauriert und im Haus mit der Nummer 14 untergebracht. Es entstand ein Kaffeehaus mit unbeschreiblichem Flair und einem entzückenden Gastgarten.

Umgeben von schwarzen Glasgefäßen mit goldenen Aufschriften in Latein, barockverzierten Säulen und Regalen, kann man sich hier vielleicht satt essen, aber wohl kaum sattsehen.

Adresse Apatyka Café, Husova 14, 37333 Nové Hrady | **ÖPNV** regelmäßige Zugverbindungen von Budweis nach Nové Hrady, Bahnhof fünf Kilometer außerhalb der Stadt | **Anfahrt** über die 154 und die 156 gut erreichbar, von Österreich über Grenzübergänge Pyhrabruck oder Gmünd | **Tipp** Vor der Apotheke am Hauptplatz befindet sich in der Wiese eine astronomische Sonnenuhr, bei der der eigene Körper als Zeiger dient. Einfach auf das Symbol des aktuellen Sternzeichens stellen und die Zeit in der Wiese ablesen! Ein selten entspannender Blick auf die Uhr.

64 Das Hundehotel

Von der Todeszone zum Erholungsbereich

Zwischen dem österreichischen Pyhrabruck und dem tschechischen Nové Hrady verläuft seit mehr als 1.000 Jahren eine Grenze, was auch an dem uralten Grenzstein mit der Inschrift »Gränze« zu erkennen ist. Manchmal war sie kaum spürbar, manchmal suchten Schmuggler, sie gekonnt zu umgehen, manchmal war sie unüberwindbar verschlossen. In der jüngeren Vergangenheit, genauer seit 1989, ist sie wieder durchlässig. Anfangs noch mit Grenzkontrollen, ist sie nach der Erweiterung des Schengenraums nur noch an den ehemaligen Zollgebäuden zu erkennen.

Heute befinden sich in den Räumen, in denen sich früher die Zollbeamten und Grenzpolizisten aufhielten und ihr Tag- und Nachtwerk vollbrachten, ein kleines Restaurant und eine Pension für Mensch und Hund. Mehrere eingezäunte Hundetrainingsbereiche mit unterschiedlichen Hindernissen stehen zur Verfügung. Es gibt aber auch die Möglichkeit, verschiedene Hundesportarten auszuprobieren oder einfach durch das wild-natürliche Novohradsky-Gebirge zu wandern.

In unmittelbarer Nähe des Hotels liegt das Freilichtmuseum »Skanzen«. Die Dependance des Museums von Nové Hrady beschäftigt sich mit dem Eisernen Vorhang, der genau an dieser Stelle Ost und West für Jahrzehnte trennte. Ein Teil der Ausstellung zeigt anhand von 150 Metern originalgetreu nachgestellten Drahtbarrieren den Bauaufwand, der betrieben wurde, um Menschen daran zu hindern, aus der damaligen Tschechoslowakei in den Westen zu fliehen. Ein kleiner Ausstellungsraum präsentiert die Lebensumstände während des Kalten Krieges und den Dienstalltag an dieser Staatsgrenze, als die Welt in zwei – politisch, wirtschaftlich und militärisch – unversöhnliche Systeme geteilt war.

Nach dieser schweren Kost empfiehlt sich ein kühles Getränk im Biergarten des ehemaligen Zollamts. Der Blick fällt auf eine Grenze mit viel Geschichte, im Hintergrund ertönt Hundegebell.

Adresse Penzion Na Celnici, přechod Nové Hrady–Pyhrabruck, 37333 Nové Hrady 396 | Anfahrt Grenzübergang an der Kreuzung der österreichischen L 71 mit der tschechischen 15616 | Tipp Der Radweg »Iron Curtain Trail« ist 10.000 Kilometer lang, verläuft von der Barentssee bis zum Schwarzen Meer, führt am ehemaligen Eisernen Vorhang entlang und direkt am Hundehotel vorbei.

65 Das Neue Schloss

Der Schlafzimmerblick der Gräfin

Die Buquoys waren feinsinnige Leute. Sie verfügten über einen erlesenen Geschmack, großes botanisches wie architektonisches Wissen und die nötigen Mittel, um ihrer Leidenschaft nachkommen zu können: Gärten anzulegen und Schlösser zu bauen.

Als der nordfranzösische General Karl Bonaventura von Longueval Graf von Buquoy im Dreißigjährigen Krieg von den Habsburgern als Belohnung die Herrschaft Nové Hrady erhielt, wusste seine Frau Maria Magdalena damit zunächst nur wenig anzufangen. In dieser alten Steinburg wollte die Frau aus »besserer« italienischer Familie jedenfalls keine Nacht zubringen. Und sie, die bald darauf Witwe wurde, machte sich ans Werk und begründete die 325 Jahre dauernde Ära der Buquoy in Nové Hrady – und damit auch eine ebenso lange Baugeschichte. Zunächst wurden Wasserleitungen verlegt, dann alle Häuser auf der Ostseite des Stadtplatzes zusammengefasst und zur Residenz umgebaut. Außerhalb der Stadt legte man einen Park an.

Alle Nachfahren traten in ihre Fußstapfen. Graf Johann Nepomuk errichtete mit seiner Frau Tereze den von ihr geplanten und nach ihr benannten Park im Theresiental (Terčino údolí) mit kleinem Kurbad und ab 1800 ein riesiges dreiflügeliges Schloss. Das hat es in sich: Der zweistöckige »Blaue Salon« wurde mit weiß-blauen Stoffen ausgekleidet und war einem stilisierten Kriegszelt nachempfunden – in Erinnerung an die Vorfahren. Dazu ein Theater mit heute noch vorhandenen Bühnenkulissen. Es gilt als eines der schönsten Empire-Theater Europas. Und dann hat sich die Gräfin noch ein eigenes Appartement mit großartiger Aussicht in das Schloss gezaubert.

Das Schloss ist heute im Besitz der Prager Akademie der Wissenschaften, beherbergt ein Institut für Biowissenschaften und fungiert als Konferenzzentrum und Hotel. In der Suite der Gräfin, der »Hraběnka«, kann man nächtigen, mit Blick aus dem Schlafzimmer in den Park.

Adresse Zámek 136, 37333 Nové Hrady, www.konferencnizamek.cz | **Anfahrt** vom Tal auf der 15618 Richtung Österreich, Schloss linker Hand, Parkplatz gegenüber dem Hotel Maj | **Öffnungszeiten** Park ganzjährig untertags frei zugänglich, Schloss nur bei Veranstaltungen und für Hotelgäste, Zimmerbuchung per E-Mail an kc@nh.cas.cz | **Tipp** Die ehemalige Residenz am historischen Stadtplatz wurde zum Wellnesshotel Rezidence umgebaut. Auch hier kann man sich in den Räumlichkeiten der Buquoys entspannen und keine herrschaftlichen, aber herrliche Tage verbringen.

66 Das schwarze Glas

Weltweit bekannt und weltweit vergessen

Südböhmen ohne Bier ist ebenso unvorstellbar wie Südböhmen ohne Glas. Aber während die Brauereien heute wieder einen großen Aufschwung erleben, ist die Glaserzeugung mit der Schließung der meisten Glashütten fast schon am Ende ihrer 800-jährigen Geschichte angelangt.

Die Gegend war prädestiniert für die Glasherstellung. Alles, was man dafür benötigte, war reichlich vorhanden: Quarzsand als Rohstoff und der Böhmerwald als schier unerschöpfliche Brennstoffquelle. Mit der Holzkohle ließen sich Temperaturen von über 1.000 Grad erreichen, sodass man Quarz schmelzen konnte. Wenn der Wald um eine Glashütte verheizt war, suchte man sich einfach einen anderen Platz.

Was man noch brauchte, waren hitzeresistente Glasarbeiter und entsprechendes Know-how, das auch immer wieder aufgefrischt wurde. Die französische Grafenfamilie Buquoy, die die Entwicklung der Stadt Nové Hrady über 300 Jahre lang prägte, holte Fachleute aus ihrer alten Heimat, modernisierte die bestehenden Glashütten und gründete neue Werkstätten, eine davon mitten im heutigen Schlosspark, die nach einem Vorfahren benannte Glasmachersiedlung »Bonaventura«.

Georg Franz Buquoy ging noch einen Schritt weiter: Wissenschaftlich gebildet, begann er 1810 mit seinen Experimenten zur Glaserzeugung und erfand ein fast unzerbrechliches Glas in tiefem Schwarz, das er Hyalit nannte. Seine Frau Marie Gabriela Buquoy sorgte für chinesische Goldverzierungen, die Gläser wurden ein sensationeller Erfolg. Sie gewannen Preise bei Weltausstellungen, niemand konnte sie nachahmen, das Rezept blieb geheim. Auf den Festtagstafeln der europäischen Fürstenhöfe war eine schwarze Hyalit-Karaffe der absolute Hingucker. 1930 endete die Produktion. Die Preise für Hyalitgläser erreichen heute schwindelerregende Höhen. Betrachten kann man sie aber günstig. Die Gläser der Sammlung des Südböhmischen Museums sind in Nové Hrady oder Žumberk zu bewundern.

Adresse Hrad, Komenského 33, 37333 Nové Hrady | Anfahrt über die 156 von Trhové Sviny, die 103 von České Velenice/Gmünd oder die L 71 von Weitra in Österreich, Parkplätze 100 Meter vom Schloss entfernt auf dem Hauptplatz, von dort kurzer und ebener Weg zum Schloss | Tipp Im nahen und besuchenswerten Dorf Žumberk befindet sich eine Dauerausstellung über das weltbekannte regionale Glas.

67__Der Wasserfall

Natürlich künstlich

Wenn mitten in der wilden Landschaft Südböhmens eine wilde Landschaft mit angepflanztem Urwald inszeniert wird und in einem Park kleine Miniatur-Bauernhöfe gebaut werden, obwohl doch rundherum nur Landwirtschaften zu sehen sind, und wenn dann noch mit riesigem Aufwand ein Bach in handgemeißelten Granitrinnen umgeleitet wird, um einen künstlichen Wasserfall zu schaffen, dann stecken entweder ein paar wahnsinnige Gärtner dahinter oder ein Grafenehepaar mit erlesenem Geschmack, das mit der europäischen Mode des 18. Jahrhunderts vertraut war. Sie ließen das herrschaftliche Jagdgebiet zu einem Landschaftsgarten umfunktionieren.

Geplant wurde sehr sorgfältig. Nicht nur dem hauseigenen Gärtner wurde eine fünfmonatige Erkundungsreise durch die deutschen Lande finanziert, die Gräfin persönlich holte sich in den Schlössern Dessau, Wörlitz und Leipzig Inspirationen – um dann in der Provinz völlig neue Maßstäbe in der Gartenarchitektur zu setzen. So entstanden eine Sommerresidenz mit Bad, eine kleine Villa und ein Wasserfall. Das österreichische Kaiserpaar besuchte die Anlage sogar zweimal! Eduard Mörike verewigte die Gebäude und den Park sowie das kunstaffine Grafenpaar in seiner weltberühmten Novelle »Mozart auf der Reise nach Prag«. Hier ließ er den Musiker Rast machen: »Von der Mitte zweier reichlich blühenden Blumenparterre ging unser Meister den buschigen Teilen der Anlagen zu, das Ohr behaglich dem Geplätscher des Wassers hingegeben, das Aug auf einen Pomeranzenbaum, der außerhalb der Reihe stand und voll der schönsten Früchte hing.« Anschließend ließ er ihn gedankenverloren eine der abgezählten Orangen vom kostbaren Bäumchen pflücken.

Mozart ist sicherlich nie hier gewesen, aber diesbezüglich herrscht künstlerische Freiheit. Wie auch bei der Gestaltung der Natur. Wenn schon nicht echt, dann wenigstens gut erfunden. Also: Natürlich künstlich!

Adresse Terčino údolí, 37401 Nové Hrady, GPS: 48.780005, 14.753210 | **Anfahrt** von Trhové Sviny über die 156, kurz vor der Stadt rechts auf die 154 Richtung Kaplice, nach 600 Metern auf der rechten Seite | **Tipp** Eine entzückende Unterkunft ist die Pension Hamr, eine umgebaute Hammerschmiede mitten im Park mit kleinem Kinderspielplatz, poetischem Bächlein, 30 Betten und hervorragender Küche (Nové Hrady 149).

68 Die Zevlův Mlýn

Die Seele baumeln lassen und in Bier baden

Sie ist eine alte Mühle. Und ein Museum. Ein Badeplatz, ein Paradies für Kleintiere und Kinder und eine Konzertlocation. Ein Treffpunkt für Traktor-Veteranen, außerdem ein kleines Hotel mit kuscheligen Zimmern und ein Gasthaus mit Müllerstube und Outdoor-Grill. Für die Radfahrer ist sie eine Jausenstation, für die Durchfrorenen eine Wellnessoase, für Brautpaare eine Hochzeits-Location, für Technik-Interessierte eine der ganz wenigen Wassermühlen, die noch in Betrieb sind. Und eine Brauerei ist sie natürlich auch. Trotz der Vielfalt ist dieser Platz aber vor allem eines: stimmig.

Seit rund 200 Jahren sind die Mitglieder der Familien Zevl und Loukotka als direkte Nachfahren des Müllers Václav Zevl in Besitz dieses historischen Kleinods, das in gemeinsamer Anstrengung liebevoll und originell renoviert wurde und nun als stolzer Phönix aus der Asche wiederauferstanden ist. Das exakte Alter der Mühle ist nicht bekannt, wohl aber, dass sie schon in einer Urkunde genannt wurde, als die Häuser der nahen Stadt noch ihre mittelalterlichen Fassaden trugen.

Der Sohn des Hauses ist einer jener Jungunternehmer, die Tschechien in den letzten Jahren zu einem optimistischen und aufstrebenden Wirtschaftsstandort gemacht haben. Er liebt die neueste Technik, wie die PV-Module am Dach zeigen, beruflich liegt hier sein Schwerpunkt. Er liebt aber auch die alte Mechanik und hat sich die Mühe gemacht, die Mühle mit ihren Schächten, Aufzügen und Wasserantriebssystemen aus Holz und ledernen Riemen wieder voll in Gang zu bringen. Allein das zu erleben lohnt schon einen Besuch.

Und auch dem Bier scheint seine Liebe zu gehören, denn das Haus birgt eine Brauerei, in der eines der besten Biere Südböhmens gebraut wird. Vor allem das schwarze Zewl mit dem bärtigen Müller am Etikett muss man kosten. Das hauseigene Bier kann man übrigens auch in einer der hölzernen Badewannen genießen, sozusagen »hautnah«.

Adresse Zevlův Mlýn, 37333 Nové Hrady, www.zevluvmlyn.cz | Anfahrt an der Kreuzung Česká und Zámek Richtung Süden fahren, vorbei am Sackgassenschild, von dort ein Kilometer zur Mühle | Öffnungszeiten ganzjährig, aktuelle Zeiten siehe Website | Tipp Wer nach dem Besuch der Mühle Lust auf noch mehr Handwerk hat, der sollte die wunderbar renovierte Schmiede vor der alten Burg erkunden. Im Sommer gibt es dort immer wieder Vorführungen und Workshops.

69__Das Schloss

Der Adlerhorst, der an Höhe verlor

Einst lebte Batka, ein böser Räuber, mit seinen wilden Mannen in den Wäldern an der Moldau. Sie versetzten die Menschen mit ihren grauenhaften Taten in Angst und Schrecken. Der König schickte seine Gefolgsleute, um das Räuberpack zu fangen und an den Galgen zu bringen. Aber die Verstecke der Schurken waren so gut, dass sie nie gefunden wurden und weiter ihr Unwesen trieben. Im Wald wurde auch Bataks Sohn geboren, den er über alles liebte. Eines Tages aber war der Junge plötzlich verschwunden. Batak weinte vor Sorge. Gemeinsam mit seinen treuen Gefährten machte er sich auf die Suche nach dem Kind. Erst am Morgen des nächsten Tages entdeckte der jüngste Räuber auf dem höchsten Felsen ein Adlernest, in dem der kleine Sohn neben fünf Adlerjungen wohlbehütet lag. Der Adler hatte das Baby wohl im Wald gefunden und es unter seinen Schutz gestellt. Batek aber schwor der Räuberei ab, er wollte sich nur mehr um seinen Sohn kümmern. Seine Freunde blieben bei ihm, bauten ihm dort, wo der Adler seinen Horst hatte, eine Burg und lebten von nun an redlich. Der König hörte von dem Sinneswandel der Räuber und beschenkte Batek mit den Ländereien rund um den Felsen. Es entstanden eine blühende Landwirtschaft und eine Burg mit dem Namen Orlík, was übersetzt »Adler« bedeutet.

So weit die Sage der Burg Orlík, es steckt wohl ein Körnchen Wahrheit darin. Im 13. Jahrhundert wurde die königliche Anlage, einem Adlerhorst gleich, auf dem höchsten Felsen errichtet, um die weit unten liegenden Handelswege gut überblicken zu können. Niemand konnte hier ungesehen und ohne Maut zu bezahlen vorbeiziehen.

Orlík wurde im Laufe der Jahrhunderte immer wieder umgebaut, heute steht hier eine beeindruckende Schlossanlage mit schönem Park. Nur thront es nun nicht mehr in schwindelerregender Höhe, sondern hat seit dem Bau der größten und angeblich schönsten Talsperre der Moldau einen direkten Wasserzugang.

Adresse Zámek Orlík nad Vltavou, 39807 Orlík nad Vltavou | **Anfahrt** von Pilsen auf der 19 bis Orlík, dort links in die 10245, Parkplatz auf der rechten Seite | **Öffnungszeiten** April–Juni, Sept., Okt. Sa, So, Feiertage 9–16 Uhr, Juli, Aug. Di–So 9–17 Uhr | **Tipp** Wer eine Burgtour machen möchte, dem empfiehlt sich eine Schifffahrt zur Burg Zvíkov. Es gibt eine regelmäßige Schiffsverbindung dorthin (www.lodnidopravaorlikslapy.cz).

70 Das Sandbett

Auf Goldsand gebaut

Eine Überlieferung berichtet, dass ein paar Tage vor dem schwarzen Freitag in den 1920er Jahren zwei Straßenarbeiter beim Bau der Europastraße mit Grabarbeiten in einem Flussbett beschäftigt waren. Da soll einer der beiden seinen Kollegen mit den Worten: »He! Schau mal! Was ist das?« zu sich gerufen haben. Der Gerufene schaute kurz auf, zuckte mit den Achseln und kickte den Stein beiseite. »Keine Ahnung. Los, arbeite weiter!« Der Stein war aber kein Stein, sondern ein zwei Kilogramm schwerer Goldklumpen, leider haben die beiden diesen Schatz nicht erkannt.

Schauplatz dieser vielleicht etwas vergoldeten Geschichte ist der Fluss Otava, der durch die Stadt Písek fließt. Spannend daran ist, dass im Sand fast aller europäischen Flüsse Spuren von Gold zu finden sind, aber in der Otava sind es mehr als nur Spuren, wuschen doch die Kelten schon im 8. Jahrhundert hier Gold. Archäologische Funde von Resten sogenannter Goldmühlen weisen auf eine industrielle Suche bereits vor 700 Jahren hin. Hier wurde Quarzgestein fein gemahlen und der Staub auf Goldspuren geprüft.

Das Edelmetall machte im Laufe der Zeit die ganze Region um Písek reich und trug auch zur Stadtgründung bei. Der goldhaltige Sand gab der Stadt sogar ihren Namen, denn Písek heißt auf Deutsch »Sand«.

Auch heute wird hier noch nach Gold gesucht. Zwar sind die Adern bereits seit dem Mittelalter versiegt, doch trägt der Sand noch immer das eine oder andere Nugget in sich. Und wer Lust hat, kann am ersten Samstag im August mit hochgekrempelter Hose in der Otava stehen und sein Glück beim Goldwaschen versuchen.

Das riesige Goldstück wurde übrigens vom Vorarbeiter der Baustelle dann doch noch als solches erkannt und dem Staat gemeldet. Der hiesige Goldschatz ist im Laufe der Jahre, vor allem während des Zweiten Weltkriegs, immer kleiner geworden. Der traurige Rest, der Písek geblieben ist: ein Stückchen von 17,2 Gramm.

Adresse Smeták 43, 39701 Písek | Anfahrt von Budweis auf der E 49 bis Písek, vor der Otava links in die U Vodárny einbiegen, geradeaus in die Smeták | Tipp Im Práchenské-Muzeum (Velké náměstí 114) ist nicht nur das besagte Goldstückchen zu sehen, auch die Geschichte des Goldabbaus in Písek seit prähistorischen Zeiten wird dort erzählt (www.prachenskemuzeum.cz).

71 Die Spielegalerie

Eintauchen in die Welt der Phantasie

Einhörner, Iglus in den schönsten Regenbogenfarben, mit Papier versponnene Dachböden, orangefarbene Ameisen, groß wie Bären, phantasievolle Formen, Fahrzeuge, die es noch nie gegeben hat … Die Sladovna-Spielgalerie ist ein Raum, in dem Kinder und Erwachsene gemeinsam spielen und kreativ sein dürfen, wo sie voneinander lernen und wo es möglich ist, die Grenzen zwischen den Welten der Kinder und Erwachsenen zu überschreiten.

Die Spielgalerie befindet sich in der ehemaligen Mälzerei von Písek, hier wurde lange Zeit Malz zum Brauen von Bier hergestellt. Das Getreide wurde zuerst zum Keimen gebracht, bevor es sich dann auf den Weg durch die Mälzerei machte. Das richtige Keimen ist für den Geschmack des zukünftigen Bieres entscheidend. Die Betreiber der Galerie beobachten einen ähnlichen Prozess auch bei den Kindern, die die Sladovna besuchen. Sie sind der festen Überzeugung, dass auch kreative Erfahrung »keimen« muss, und sehen ihre Aufgabe darin, Kinder in ihrer Entwicklung zu unterstützen.

Das große Gebäude der ehemaligen Mälzerei bietet auf vier Etagen Dauer- und Wechselausstellungen, die inspirieren sollen. Kreativität wird hier auf spielerische Weise vermittelt. Das Spiel beginnt: Kinder und ihre Eltern treten dabei für eine Weile aus ihrer realen Welt heraus und begeben sich mitten in eine Geschichte, in der sie in immer neue außergewöhnliche Situationen geraten. Nun müssen sie innehalten, Lösungen finden, Entscheidungen treffen, Verantwortung für ihr Handeln übernehmen und vor allem sich gegenseitig helfen. Wichtig ist dabei aber auch, sich nicht in den farbenprächtigen Kokons, in der Welt der phantastischen Tierwesen oder dem leuchtenden, unbekannten Universum zu verlieren.

Die Erfahrungen dürfen übrigens mitgenommen werden, wenn man in die reale Welt von Písek zurückkehrt und am runden Springbrunnen in Richtung der blauen Otrava spaziert.

Adresse Sladovna, Budovatelská 13, 39701 Písek, www.sladovna.cz | Anfahrt von Budweis auf der E 49 bis Písek, rechts in die Hradišťská, die Kocínova queren, erst der Putimská, dann der Fráni Šrámka bis zum Stadtplatz folgen | Öffnungszeiten Di–So 9–17 Uhr, begrenzte Kapazität, Tickets möglichst im Voraus über die Website oder unter Tel. +420/387999997 buchen | Tipp Das Balzám Café liegt nur einen Steinwurf von der Galerie entfernt und direkt am Ufer der Otava. Neben dem Genuss von Kaffeespezialitäten und hausgemachten Desserts kann man hier immer wieder Livemusik lauschen.

72 Die Steinerne Brücke

Über acht Bögen musst du gehen

Zwischen Nürnberg und Prag verlief im späten Mittelalter eine Handelsstraße, die als »Goldene Straße« bekannt war. Diese war aber nie nur ein einziger Weg, sondern ein Netz aus unterschiedlichen Routen, die, je nach politischer Lage, manchmal legal und manchmal illegal zum Beispiel auch als Schmugglerpfade verwendet wurden.

Über die Goldene Straße wurden Waren transportiert. Aus dem Süden kamen Salz, Gewürze, Wein, Stoffe und Waffen nach Böhmen. Gold, Silber, Malz, Hopfen, Käse, Talg und Getreide, aber auch Salzheringe aus dem Baltikum waren von Böhmen aus in Richtung Passau unterwegs. Als Gründer der Handelswege wird der römisch-deutsche Kaiser und böhmische König Karl IV. genannt. Er bezeichnete den Weg als »strata publica« und baute ein Fernhandelsnetz auf, das Prag über Passau und Salzburg mit Venedig und dem Mittelmeer verbinden sollte. Ursprünglich waren es die sogenannten Säumer, meist Bauernsöhne, die die Waren anfangs am Rücken, später mit Pferden oder Wägen über die Handelsstraße beförderten. Sie arbeiteten oft für Großhändler, manchmal aber auch in Eigenverantwortung.

Die Steinbrücke von Písek war Teil der Goldenen Straße. Sie wurde Mitte des 13. Jahrhunderts erbaut, jedoch stammt die erste Erwähnung der Brücke aus dem Jahr 1348. Damals entschied König Karl IV., dass alle Bußgelder, die die Stadt einnahm, in die Reparatur der Brücke gesteckt werden mussten. Die Historiker von Písek nehmen an, dass ihr steinerner Flussübergang wenigstens um ein halbes Jahrhundert älter ist als die Prager Karlsbrücke und diesbezüglich nur von der Steinernen Brücke in Regensburg übertroffen wird.

Die ursprünglichen acht Bögen des Bauwerks sind nicht mehr erhalten, ebenso wenig die beiden Brückentürme. Eine große Wölbung ersetzte zwei durch Hochwasser eingestürzte Bögen und ist gut auszumachen. Auf den Steinquadern kann da und dort noch ein altes Steinmetzzeichen entdeckt werden.

Adresse Kamenný most v Písku, Budovatelská 13, 39701 Písek | Anfahrt von Budweis auf der E 49 bis Písek, rechts in die Hradišťská, die Kocínova queren, erst der Putimská, dann der Fráni Šrámka bis zum Stadtplatz folgen | Tipp Vom Gastgarten der Pekárna-Cukrárna (Bäckerei-Konditorei) »Café Mozart« aus hat man einen wunderbaren Blick auf die Bögen der Steinernen Brücke und wird ganz nebenbei mit Köstlichkeiten aus der hauseigenen Backstube verwöhnt.

73 Die halbe Kirche

Hinter der Grenze, hinter dem Glas

Der Winter im Dorf war auch in friedlichen Zeiten hart: eisige Kälte, lange Nächte. Die Menschen nutzten die Wochen, in denen die Feldarbeit ruhte, und fertigten kleine Heiligenbilder in Hinterglastechnik an. Man brachte es darin zu einer enormen Fertigkeit, und die Bilder waren begehrt. Auch als Musiker wurden die Bewohner geschätzt, und die Grenze, die den Ort von drei Seiten umgab, hinderte niemanden daran, auch bei einer österreichischen Hochzeit aufzuspielen.

In Buchers – wie das deutschsprachige Dorf landläufig hieß – gab es eine Brauerei, eine Glaserzeugung und viel Handwerk. Ein gewisser Wohlstand zog ein. Die Bevölkerung wuchs, und so wurde es möglich und notwendig, die kleine Holzkapelle durch eine barocke Kirche zu ersetzen. Man weihte sie im Jahr der Markterhebung 1791 der »Jungfrau Mariä vom guten Rat«.

Obwohl im letzten Eck Böhmens gelegen, zählte der Ort 1920 rund 1.000 Einwohner, kaum 25 Jahre später waren es nur noch rund 70, wieder drei Jahrzehnte später war das Dorf völlig ausgestorben. Was muss die stolze Kirche in diesen Jahrzehnten alles erlebt haben? Das Zerbrechen des friedlichen Miteinanders von Deutschen und Tschechen im Dorf, Hitlers Einmarsch, die Zwangsaussiedlung der deutschsprachigen Bevölkerung, die Errichtung des Eisernen Vorhangs, das Ende des dörflichen Lebens. Wo war da der gute Rat?

Als sich die Lage 1989 auf fast wundersame Weise besserte und das Dorf nach der Grenzöffnung langsam wiederauferstand, war die Last der Geschichte offenbar zu groß: Mitten in den Renovierungsarbeiten stürzte der Kirchturm auf das Langhaus und brachte es zum Einsturz. Aber die Menschen aus den tschechischen und österreichischen Nachbardörfern gaben nicht auf, unterstützt von ehemaligen Bewohnern sicherten sie gemeinsam das Bauwerk und richteten ein bezauberndes Kirchencafé ein. So hat diese Kirche für uns doch noch einen guten Rat: Lebt gemeinsam in Frieden.

Adresse Pohoří na Šumavě, 38283 Pohorská Ves | **Anfahrt** von Pohorská Ves die 15811 dem Bach Pohořský potok Richtung Süden folgen, weiter bis zur Dorfeinfahrt und zur Kirche | **Tipp** Folgt man der Straße viereinhalb Kilometer Richtung Pohorská Ves, stößt man auf zwei weitere Schönheiten mit dem Namen »Baronův most«. Eine ist ein malerischer Platz bei der ehemaligen Brücke, die andere eine bezaubernde Pension mit Restaurant mitten im Nirgendwo (Pohorská Ves 8).

74 Das verschwundene Dorf

Silberberg und das Museum der Fundstücke

Es ist eines von vielen »verschwundenen« Dörfern in Südböhmen. Sie wurden einfach dem Erdboden gleichgemacht, weil sie zur falschen Zeit am falschen Ort standen. Weil sie zu viele deutschsprachige Bewohner hatten, die unter dem Generalverdacht, Nazis gewesen zu sein, aus ihren Häusern vertrieben wurden. Weil diese Dörfer zu nahe an der Grenze zum Feind standen, wurden sie in den 1950er Jahren abgerissen.

All diese verschwundenen Orte erzählen ihre eigene, einzigartige Geschichte. Und die von der kleinen Ortschaft Silberberg ist fast schon ein Märchen.

Am Rand Südböhmens zu leben hieß im 19. Jahrhundert, sich im Zentrum eines großen Vielvölkerreichs zu befinden. Auch wenn das namensgebende Silber hier nicht mehr oder vielleicht auch nie abgebaut wurde, war der Ort wirtschaftlich interessant. Der Glaspionier Josef Mayer begann hier seine Karriere, bevor er nach Vimperk ging. Er errichtete 1782 eine Glashütte, die bald schon dafür gerühmt wurde, das reinste Glas in ganz Mitteleuropa zu erzeugen. Eine weitere Fabrik entstand: »Bonaventura« mit drei Schleifereien für 50 Handwerker. In Silberberg lebten und arbeiteten Menschen, die Tschechisch oder Deutsch oder beides sprachen. Es gab eine Schule, Gasthäuser, ein großes Herrenhaus. Der spätere Literaturstar Robert Hamerling verbrachte hier einen Teil seiner Kindheit. Sogar Kaiser Franz I. stattete dem großen kleinen Dorf einen Besuch ab.

Was blieb davon übrig? Nur ein paar überwachsene Mauerreste und ein Apfelbaum erinnern noch an die Siedlung. Und immer wieder bringt der Boden etwas aus der Vergangenheit zutage: eine Sichel, den Henkel eines Häferls, Teile eines mit Glas überzogenen Schmelztopfes. Der Platz verlangt Ehrfurcht, und die Wanderer und Radfahrer legen fein säuberlich ihre Funde auf den Sims einer Infohütte. So entsteht ein sich ständig veränderndes Museum inmitten dieses berühmten, vergessenen Dorfes.

Adresse Stříbrné Hutě, 38283 Pohorská Ves, GPS: 48.638654, 14.719248 | Anfahrt bis Joachimstal (Österreich, Gemeinde Bad Großpertholz), dort zum Ende der Straße beim alten Jagdhaus fahren, fünf Minuten zu Fuß Richtung Süden; von drei Richtungen Rad- und Wanderwege hierher: vom Joachimstal und von Karlstift in Österreich sowie vom Gasthaus »Zofín« | Tipp In Silberberg kann man über den Grenzbach springen und so in Sekundenschnelle mehrmals den Staat wechseln – vor 50 Jahren unvorstellbar. Ein virtuelles Denkmal mit Tausenden alten Fotos hat Pavel Beran den verschwundenen Dörfern auf seiner Website gesetzt: www.zanikleobce.cz.

75 Das Klöppelspitzen-Museum

Wie die Spitze nach Böhmen kam

Im 17. Jahrhundert lebte Freiin Magdalena Gramb von Meldek in Böhmen. Ihr Gemahl, der kaiserliche General Kaspar von Gramb, diente in der Armee Wallensteins und erwarb hier ein Gut. Magdalena, neu und ein bisschen einsam in der Gegend, holte eine befreundete Spitzenklöpplerin aus ihrer belgischen Heimat zu sich. Diese lehrte Magdalena und die einheimischen Frauen das Klöppeln feiner flandrischer und Brüsseler Spitzen mit Baumwolle und Seide.

Die tschechischen Mädchen lernten schnell, und schon bald entwarfen sie ihre eigenen Muster. Die sogenannte »vláčka«, eine Tüllgrund-Spitze, entstand und machte die Gegend bald berühmt. Die Klöpplerinnen kreierten unterschiedliche Muster, die in der Folge von Generation zu Generation weitergegeben wurden. Das Klöppeln war oft die einzige Möglichkeit, ein Auskommen zu finden. Auch Männer halfen im Winter mit, die Kinder sowieso. So kam es, dass die ganze Familie bis zu 16 Stunden täglich an den Klöppelkissen saß und die feinen Fäden kreuzte und drehte.

Die feinere Vláčka-Spitze wurden für die Kleidung der Adeligen, aber auch für liturgische Gewänder verwendet. Weniger aufwendige, meist aus Baumwolle gefertigte Klöppelspitze fand Eingang in den täglichen Gebrauch. Sie wurde für Tischtücher, Kissenbezüge oder Vorhänge genutzt. Kleidung wurde ebenfalls damit geschmückt, zum Beispiel mit Spitzenkragen.

Die filigrane Schönheit der Spitzen kann in der südböhmischen Stadt Prachatice in einem diesem Handwerk gewidmeten Museum bewundert werden. Es befindet sich in einem renovierten Renaissance-Gebäude. Dort wird die Entwicklung der Klöppelspitzen anhand historischer Stücke aus ganz Europa mit dem dazu passenden Klöppelzubehör gezeigt, von den Anfängen bis in die Gegenwart. Ein ganz besonderes Exponat ist eine 400 Jahre alte Klöppelspitze.

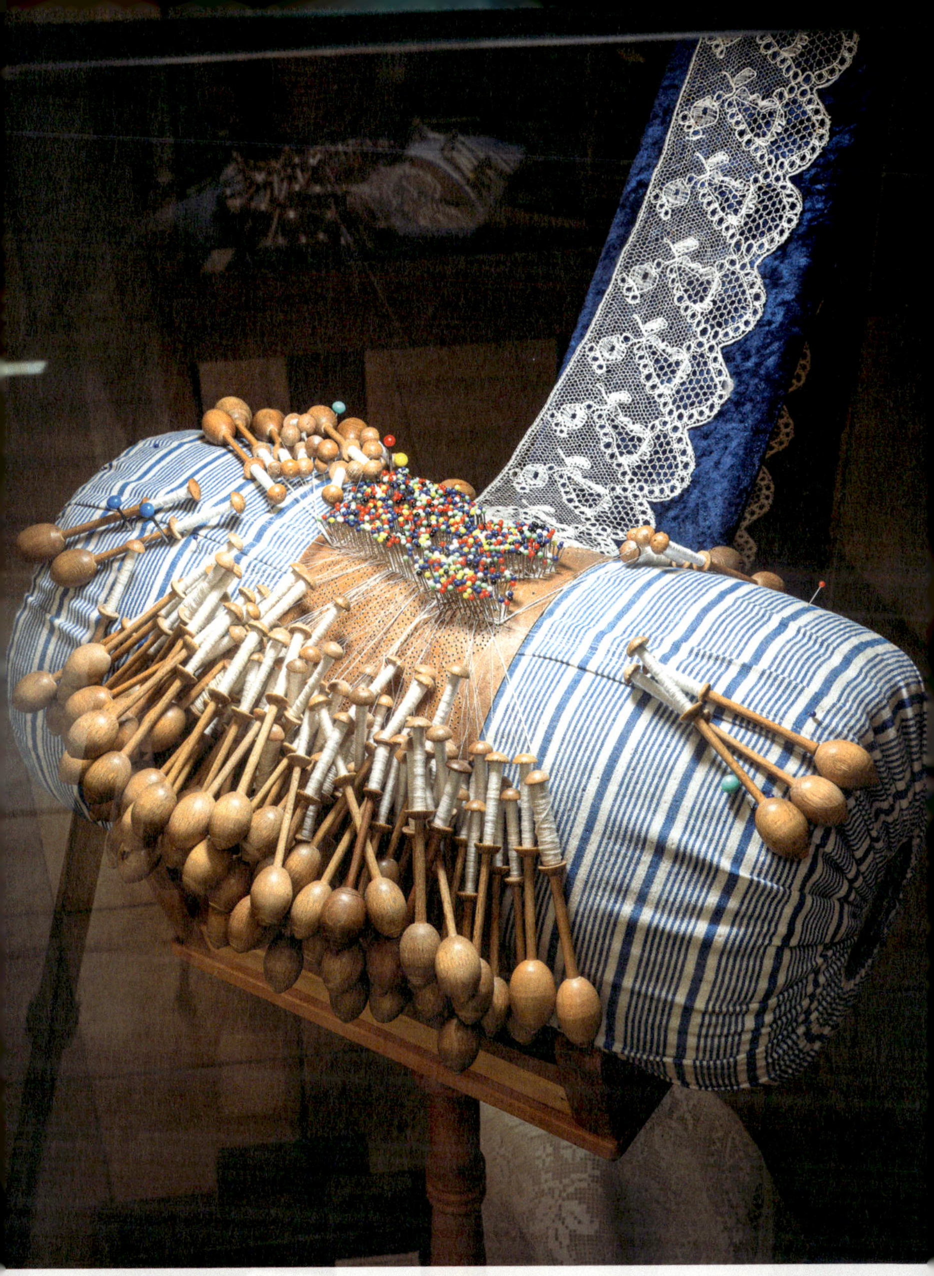

Adresse Muzeum krajky Prachatice, Poštovní 22, 38301 Prachatice | **Anfahrt** von Budweis auf der 143 Richtung Westen, links an der Cukárna (Bäckerei) mit der Hausnummer 184 vorbei, wieder links, Museum in einer kleinen Gasse am Ende des Velké náměstí | **Tipp** In der schwarz-weiß gehaltenen Gaststube der Pivovar Prachatice in der Straße Horní gibt es neben traditionellen tschechischen Speisen auch deftige Hamburger und ein wirklich gutes Pivo. Denn Bier gebraut wird hier bereits seit 1339.

76 Das Neue Rathaus

Die Wiedergeburt der Wiedergeburt

Es sollte neu sein, aber nicht so aussehen. Dominant wirken, aber dabei keine anderen Gebäude in den Schatten stellen, zentral liegen, aber nicht das Gefüge des Platzes zerstören, und dennoch klar die Nummer eins sein: das Neue Rathaus am Hauptplatz von Prachatice.

1902 kaufte der Stadtrat das Sparkassen-Gebäude, um Platz für die Verwaltung und einen architektonischen Höhepunkt zu schaffen, auf den Bürger stolz sein konnten. Nicht ganz einfach, in dieser schönen Renaissance-Stadt. Die Lösung hieß Neorenaissance. In Dresden gab es in diesem Stil schon die Semperoper, in Prag das Nationalmuseum und in Wien die Staatsoper. Der lokale Baumeister Rudolf Zobel blitzte mit seinen Entwürfen beim Stadtrat vorerst ab, zu brav, zu einfach. So holte er sich den erfahrenen Architekturprofessor Anton Schurd aus Wien mit ins Boot und realisierte dessen durchdachtes Konzept, das nun auch vom Stadtrat begeistert aufgenommen wurde.

Und da steht es heute frisch renoviert und wieder in seinen ursprünglichen Farben, zwischendurch war es schon braun, gelb und sogar rot. Mit der schwarz-weißen Sgrafitti-Technik und den grauen Sockeln korrespondiert es perfekt mit dem Alten Rathaus auf der rechten Seite. Dazwischen das in Ocker gehaltene Gemeindegebäude mit Theatersaal. Das Türmchen hatte das alte Rathaus bei einem Brand verloren, und so war es nun die perfekte Krönung für das neue Gebäude.

Eine Fülle von Allegorien, Persönlichkeiten und Geschichten sind auf der Fassade verewigt. Sieben Berufe vom Geburtshelfer bis zum Künstler, berühmte Schüler, und ganz oben segnet die Schutzherrin, die »Prachatitia«, ihre Stadt. Ein breites Sgraffiti zeigt einen Salztransport nach Prachatitz am Goldenen Steig. Dieser Weg machte die Stadt einst reich, und das so anhaltend, dass man sich auch dann, als der Salzverkauf kaum mehr eine Rolle gespielt hat, Prachtbauten wie das Neue Rathaus leisten konnte.

Adresse Velké náměsti 3, 38301 Prachatice | **ÖPNV** Zugverbindung von Vodňaný, vom Bahnhof zehn Minuten zu Fuß zum Zentrum | **Anfahrt** von Budweis über die E 49 bis Česnovice, dann die über die 145; oder von Písek auf der 20 Richtung Süden | **Tipp** Gleich drei herausragende Gebäude im Stil der Neorenaissance finden sich in Prachatice: neben dem Rathaus das vom Sokol-Turnverein mit stolzer tschechischer Symbolik fast zeitgleich erbaute »Národní dům« in der Velké náměsti 9 und das berühmte Gymnasium in der Zlatá stezka 137, in dessen Vorgängerbau auch der Reformator Jan Hus die Schulbank drückte.

77__Der Waldlehrspielplatz

Ein Biotop im Biotop

Ende 2017 wurde in Prachatice an den Hängen des Libín ein neues Freizeitareal inmitten der Prachaticer Wälder errichtet. Es besteht aus zwei unterschiedlichen Teilen. Die Idee der alten Sokol-Outdoor-Turnhallen wurde hier für größere Kinder und Jugendliche in ein modernes Konzept umgewandelt. Für kleinere Kinder zwischen drei und zwölf Jahren ist daneben ein Waldlehrspielplatz entstanden, auf dem die Kleinen in die Welt der Wildtiere eintauchen und dabei ihren Spaß haben.

Am Waldlehrspielplatz darf man zum Beispiel in einen Ameisenhaufen klettern und merkt dabei, dass die Behausung der kleinen Krabbler nicht nur ein zufälliger Berg von Kiefernnadeln ist und sich der größte Teil des Baues unter der Oberfläche verbirgt. Man lernt, mit welchem Material die Ameisen ihr Zuhause bauen, und kann durch ihre Korridore kriechen.

Wenn man über die schwingenden Brücken läuft, spürt man die Geschwindigkeit und Wendigkeit eines Eichhörnchens, wenn es von Ast zu Ast springt und sämtliche Hindernisse überwindet, um an seine Haselnüsse für die langen Wintertage zu kommen. Im Froschbecken tummeln sich auch Molche, im Spinnennetz drehen Kinder durch. Und im prächtigen Vogelnest kann man zwar leider nicht fliegen lernen, aber sich ausruhen und dabei viel über die gefiederten Freunde erfahren. An allen Stationen sind kindgerechte Informationstafeln angebracht, die unterschiedliche Themen zu Natur und Klima aufgreifen.

Der Outdoor-Turnsaal ist für junge Leute bis 15 oder 16 Jahre gedacht. Der Parcours ist ein großer Kreis, es gibt keinen Anfang und kein Ende, und wer mag, braucht auch nie den Boden zu berühren. Durch die unterschiedlichen Schwierigkeitsgrade der Hindernisse ist für jeden etwas dabei. In diesem Biotop vergeht die Zeit wie im Flug. Da es hier keinen gastronomischen Betrieb gibt, empfiehlt es sich, ein gut gefülltes Jausenkörbchen mitzunehmen.

Adresse Areál lesních her nad Lázněmi sv. Markéty v Prachaticích, 38301 Prachatice | **Anfahrt** südlich von Prachatice über die 143, dann rechts in die Dělnická und bis zum Parkplatz, aus Prachatice in 30 Minuten über die Sightseeing-Route auch zu Fuß erreichbar | **Öffnungszeiten** immer zugänglich | **Tipp** In der Nähe kann man auch den »Majolenka Fairy Expert Trail« und den »Birdhouse Nature Trail« ausprobieren.

78 Die Grenzkunst

Wie gut passt das doch (nicht) zusammen

Als nach über 30 Jahren des Eisernen Vorhangs 1989 in Berlin die Mauer fiel und in Ungarn das »Paneuropäische Picknick« stattfand, bei dem 100 Menschen aus Osteuropa die Grenze in den Westen überschritten, öffnete sich mit einigen Monaten Verspätung auch die Grenze zwischen Österreich und der Tschechoslowakei. Hier mischte sich in die Euphorie aber auch ein gewisses Unbehagen. Die österreichischen Grenzlandbewohner hatten sich mit ihrer Lage scheinbar abgefunden. Das Trauma der Zwangsaussiedlung der deutschsprachigen Bevölkerung aus dem böhmischen Grenzraum nach dem Zweiten Weltkrieg war mangels Dialog unaufgearbeitet geblieben. Nun brach es plötzlich wieder auf. Vorurteile und Scheu vor dem unbekannten Nachbarn trübten die Stimmung.

Auf der anderen Seite war es für manche Tschechen ein Schock zu sehen, dass sie, die »Preußen des Ostens«, die es doch zu einem gewissen Wohlstand gebracht hatten, im unverhofften direkten Vergleich zum konsumorientierten Nachbarland plötzlich wie ein armer Bruder dastanden.

Aber an die 1.000-jährige gemeinsame Geschichte musste man doch anknüpfen können. Erste Initiativen starteten: grenzüberschreitende Sportwettkämpfe, bei denen die Österreicher in fast allen Disziplinen hoffnungslos unterlegen waren, und vor allem kulturelle Begegnungen. Musik braucht keine Dolmetscher. Menschen aus dem Kunstbereich waren die ersten, unter denen schon bald dauerhafte Freundschaften entstanden.

Ein Kunstwerk, das die Stimmung dieser Zeit einfach und eindrucksvoll einfängt, findet sich nördlich von St. Oswald, direkt am Grenzübergang zwischen Oberösterreich und Südböhmen. Gideon Koval hat hier zwei überdimensionierte Stecker installiert. Einen in österreichischer, den anderen in tschechischer Bauart. Man müsste sie zusammenstecken, und der Energiefluss wäre wiederhergestellt. Ganz einfach. Erst bei genauerem Hinsehen erkennt man das Problem.

Adresse Grenzübergang St. Oswald bei Haslach, GPS: 48.627878, 14.034170 | Anfahrt von der österreichischen Seite über St. Oswald bei Haslach an der Kapelle vorbei bis zum Haus Nr. 14, dann 200 Meter zu Fuß durch den Wald; von tschechischer Seite von der Uferstraße des Lipno-Stausees südwestlich auf der 1638, dann auf die 1613, drei Kilometer Richtung Süden, an der Kreuzung geradeaus bis zum Fahrverbot 300 Meter vor dem Grenzübergang | Tipp Wer sich nach den vielen Kurven und Windungen nach einem übersichtlichen Weg sehnt, kann am schnurgeraden Schwarzenberg'schen Schwemmkanal entlangspazieren.

79 Das Waldhotel

Wo Witiko sein Röschen fand

Das Dörfchen Svatý Tomáš ist nur über lange, schmale Bergstraßen zu erreichen, die sich durch dichte Wälder schlängeln. Es liegt oberhalb des Lipno-Stausees am Fuße einer Burg. Heute besteht es nur noch aus einigen wenigen Steinhäusern, einer Kirche und dem ehemaligen Jagdschloss.

Die Geschichte des Bergdorfes ist mit vielen anderen tschechischen Grenzorten vergleichbar. Um 1220 erbauten die Witigonen – offenbar an der Stelle, an der Stifter seinen Witiko das Wildröschen finden lässt – eine Burg und gaben ihr den Namen Vítkův kámen, zu Deutsch Wittinghausen. Danach entstand die Kirche St. Thomas, nach der die Ansiedlung benannt wurde. 200 Jahre später bildete sich eine kleine Holzfällersiedlung. Kleinere Handels- und Schmugglerwege führten hier vorbei und verbanden Südböhmen mit dem oberösterreichischen Mühlviertel, die Kirche wurde zum gern besuchten Wallfahrtsort.

Das Jagdschloss im Schweizer Stil ließ Johann Adolf Fürst zu Schwarzenberg im späten 19. Jahrhundert erbauen, schmückte es mit Gemälden Dürers und nannte es »Waidmanns Heil«. Es diente schon damals als Herberge für Wallfahrer und Händler. Nach 1945 wurden die deutschsprachigen Bewohner aus Svatý Tomáš vertrieben und die meisten der verlassenen Häuser abgerissen. Auf der Burg richtete man eine Radarstation ein, den verbliebenen Rest der Siedlung ergänzte man durch eine Kaserne und Häuser für die Offiziere. Das Schloss wurde, wie der gesamte Schwarzenberger Besitz, verstaatlicht und von den Staatsforsten genutzt. 1990 brannte es ab. Eine private Firma kaufte das angeschlagene Anwesen und wandelte es in ein sehr nettes Wellnesshotel um.

Das kleine Hotel wurde liebevoll und beinahe originalgetreu mit viel Holz wiederhergerichtet. Man kann im gemütlichen Kaminzimmer Stifters »Witiko« lesen oder rund ums Schlösschen beim Wandern die Seele baumeln lassen. Ein sehr ruhiger und entspannter Ort.

Adresse Hotel Svatý Tomáš – ubytování Šumava, Svatý Tomáš 121, 38273 Přední Výtoň, www.hotel-svatytomas.cz, GPS: 48.3822999, 14.615998 | **Anfahrt** vom Lipno-Stausee am westlichen Ufer die 16316 nehmen, bei Frýdava links in die 16312, nach 5,1 Kilometern rechts, dann zwei Kilometer geradeaus, Navi empfohlen | **Tipp** Witikos Burg ist ein Muss, vor allem der Aufstieg auf den Burgturm, denn von hier ist der Ausblick traumhaft. Man sieht den gesamten Lipno-Stausee und an klaren Tagen bis zu den österreichischen Alpen.

80 Die Märchenschmiede

Von Drachen, Nixen und Goldfischen

Auf dem Dorfplatz von Selibov steht die alte Dorfschmiede mit ihrem Wirtschafts- und Wohngebäude. In einem der Bauten befindet sich ein breites Gewölbe, hier wurden früher Pferde beschlagen und Reparaturen an Wagen oder Leitern vorgenommen. Bis in die 1980er Jahre war die Schmiede im Besitz der Gemeinde Selibov, dann wurde sie verkauft und für Wohnzwecke genutzt. Am Original-Schmiedewerkzeug und den historischen Möbeln nagte der Zahn der Zeit, repariert wurde wenig. So ging in den nächsten 30 Jahren vieles kaputt oder verloren.

Anfang der 2010er Jahre stolperte dann die ehemalige Lehrerin Hana Procházková gemeinsam mit ihrer Tochter Tereza über das heruntergekommene, aber denkmalgeschützte Anwesen. Beide verliebten sich auf der Stelle in diese traurige Schmiede. Und sie waren sich sofort einig: Hier konnte Hanas Traum von ihrem eigenen Märchenmuseum endlich wahr werden. Hana hatte nach ihrer Lehrtätigkeit in einigen Schlössern als Verwalterin gearbeitet und dabei viele Ausstellungen gestaltet, darunter auch Märchenschauen für Kinder. Seit damals keimte diese Idee in ihr. Mit der Hilfe von Freunden, darunter auch einige tschechische Künstler wie beispielsweise der Maler und Illustrator Karel Franta, bauten Mutter und Tochter in kürzester Zeit die Werkstatt zur Märchenschmiede um.

Nun warten ein lebensgroßer Drache gemeinsam mit seinen Freunden, den Wassermännern und Wassernixen, den Teufeln und Waldgeistern, und an die 100 andere Märchenfiguren und Marionetten im Garten und in der historischen Schmiede auf leuchtende Kinderaugen.

Ein Erlebnisausflug in dieses Museum des tschechischen Märchens lohnt sich auf jeden Fall, denn hier findet bestimmt jeder, egal welchen Alters, sein eigenes Märchen. Aber aufgepasst bei dem, was man sich hier so wünscht! Denn in der Schmiede gibt es auch einen Goldfisch, der angeblich Wünsche erfüllt.

Adresse Pohádková kovárna, Selibov 23, 39811 Protivín | Anfahrt von Pisek auf der E 49 Richtung Budweis, rechts nach Selibov und zur Mitte des Dorfplatzes | Öffnungszeiten April, Juni Sa, So 10–17 Uhr, Mai, Sept. Sa, So, Feiertage 10–17 Uhr, Juli, Aug. täglich 10–17 Uhr | Tipp In einem anderen Teil des Gebäudes wurde vor Kurzem eine Dauerausstellung zur Geschichte der Schmiede eingerichtet – also wer wirklich nichts mit Märchen am Hut hat, kann sich hier über das Schmiedehandwerk schlaumachen.

81 Die Hauptstadt-Dörfer

In 80 Minuten um die Welt

Es klingt wie ein Scherz. Aber es ist wahr. Wer im Grenzgebiet Südböhmens unterwegs ist, befindet sich oft am Rand: viel Natur und wenig Mensch. So auch in der Gegend von Rapšach. Und dann steht man unvermittelt in London. Ein paar Kurven weiter in Paris und nur wenige Kilometer entfernt sogar in New York.

Größer könnte die Text-Bild-Schere wohl kaum sein als zwischen dem Ortsschild London und der winzigen Ansiedlung, die sich sogar noch in Groß- und Kleinlondon teilt. Der Hintergrund ist rasch erzählt. Viele Menschen aus Böhmen suchten in der weiten Welt ihr Glück, einige kehrten wieder in ihre Heimat zurück. Auch in den 1840er Jahren machten sich viele Auslandsböhmen aus Frankreich und England auf, um sich wieder hier anzusiedeln. Sie brachten viele Erinnerungen mit, ein bisschen Sehnsucht nach Urbanität und sicherlich auch etwas von dem augenzwinkernden böhmischen Humor. Daher benannten sie die neu gegründeten Orte nach den großen Metropolen. »Londýn«, »Paříž« und »Novy York« steht nun in tschechischer Schreibweise auf der Landkarte. Es muss aber schon eine sehr genaue sein, wenn sie diese Dörfer verzeichnet.

Trotz seiner idyllischen, abgelegenen Lage wurde das Gebiet im 20. Jahrhundert zur »Wachstafel Europäischer Geschichte«. 1920 kamen die ehemals österreichischen Gemeinden zur Tschechoslowakei, 1938 wurden sie von Hitlers Truppen annektiert, 1945 musste die deutschsprachige Bevölkerung das Land verlassen, in den 1950er Jahren wurde der Eiserne Vorhang errichtet, viele Grenzdörfer wurden geschleift. London, Paris und New York fielen in einen Dornröschenschlaf mit Alpträumen, wachgeküsst wurden sie erst 1989 in der »Samtenen Revolution«. Neues Leben und Selbstbewusstsein kam in die Dörfer, man profitiert heute von einem sanften Tourismus, ist stolz darauf, in der Mitte Europas zu liegen – und darauf, dass sich hier mittlerweile das einzige London der EU befindet.

Adresse Novy York: Tušť 68, 37806 Suchdol nad Lužnicí; Paříž: Tušť 58, 37806 Suchdol nad Lužnicí; Velký Londýn, 37807 Rapšach | **Anfahrt** von Třeboň nach Suchdol nad Lužnicí, in Tušť bei Suchdol parken, zu Fuß zwischen den beiden Teichen Richtung Nordosten, vorbei am Gasthaus Hospoda Pod Bůrkem, beim Imbiss am See (Kiosek U Jezera) rechts nach Paříž, vorbei am Camp nach Velký Londýn, dann weiter nach Rapšach, am Ortsende abbiegen, bei der Siedlung Osada Nový York rechts und bis zur Tafel bei Tušť 68 mit der Erklärung zu den Dörfern | **Tipp** Das Camp Paris in Tušť 58 ist ein Paradies für Gruppen und Familien und bietet eine Fülle von Sport- und Freizeitangeboten: kristallklare Schotterteiche zum Baden, einen Beachvolleyballplatz, eine Kinderburg, einen Kanu-, Boots-, Fahrrad- und Rollerverleih sowie tschechische Küche und kaltes Bier.

82 Die Kanufahrt

Von Piraten und Paddlern

Zwischen der letzten Talsperre des Lipno-Stausees und dem Kulturerbe Český Krumlov liegt das Städtchen Rožmberk nad Vltavou. Es ist – wie könnte es anders sein – untrennbar mit dem Adelsgeschlecht der Rosenberger verbunden. Die Moldau mäandert romantisch um den historischen Stadtkern, und als Besucher wundert man sich, dass nicht gerade ein böhmischer König zu Pferde mitsamt Gefolge um die nächste Ecke biegt.

Vom Gastgarten des »Hotel u Martina« ist der Blick auf die Burg Rožmberk umwerfend. Von hier aus kann man sich aufmachen, um die Moldau mit dem Boot zu erwandern. Kanus und Raftingboote können ausgeliehen werden, dazu bekommt man ein wasserdichtes Fass und eine Karte, auf der die Wehre verzeichnet sind. Das Fass ist zum Verstauen von Wertgegenständen und Kleidung gedacht – mancher denkt hier wohl zum ersten Mal daran, dass Wasser nass ist.

Die Strömung ist nicht zu stark, und mit ein bisschen Paddeln kommt das Boot ganz gut voran. Die atemberaubende Schönheit der Natur entfaltet sich, die Stille wird nur vom Plätschern der Ruder, vom Vogelgesang aus den Auwäldern und von einem kräftigen »Ahoi« aus dem Nachbarboot unterbrochen. Noch einmal taucht eine Festung auf, und es dauert, bis sie als Burg Rožmberk wiedererkannt wird, diesmal von der anderen Seite. Kleine steinerne Kunstwerke, die von Wanderern an den Ufern errichtet wurden, winzige Sandbuchten zum Rasten und Schwimmen, springende Fische – es scheint, als hätten sich einige Zeilen aus dem Lied »Summertime« hier manifestiert.

Sobald sich der erste Durst einstellt, taucht hinter der nächsten sanften Kurve auch schon ein Anlegeplatz auf. Wurstspezialitäten vom Grill, gebackener Käse und natürlich verschiedene Biere warten hier auf hungrige Gäste. Und dann rückt ein Boot mit Piraten mitten in der Moldau an, sie fordern des Ruderers Geld. Keine Angst – sie tauschen es gegen einen Mojito oder einen Caipirinha ein.

Adresse Hotel u Martina, Rožmberk nad Vltavou 79, 38218 Rožmberk nad Vltavou, www.vedlevody.cz, www.tsunami-lode.cz, www.ingetour.cz | **Anfahrt** von Český Krumlov auf der 160 Richtung Süden, 25 Kilometer an der Moldau entlang nach Rožmberk nad Vltavou | **Öffnungszeiten** Saison April – Okt., möglichst einige Tage vor der Reise ein Boot bei einem der Anbieter bestellen, Abholung vor oder Rücktransfer nach der Tour möglich | **Tipp** Im nahen Můj Obchod Potraviny kann man in einem kleinen, täglich geöffneten Supermarkt den Proviant aufstocken.

83 Das Haus Nummer 517

Comics aus der Renaissance

Der Hauch der Geschichte ist in Slavonice ein echter Wirbelsturm. Ein Blick in die Höhe, und schon sind wir erfasst und fallen durch ein Wurmloch auf den Hauptplatz im Jahr 1550. Die Wirtschaft brummt, der Taler rollt, wer wohlhabend ist, will das auch zeigen – und die Fassaden sind die ideale Leinwand.

Was wird das für ein Treiben gewesen sein! Schaulustige warten schon auf die nächste Geschichte, die an der Hauswand sichtbar wird. Auf der Baustelle ist vor allem Deutsch, deutlich weniger Tschechisch, aber sicherlich auch viel Italienisch zu hören. Denn es waren vorwiegend italienische Künstler, die den böhmischen Städtchen ihr südliches Flair verliehen. Zunächst wurde die Fassade mit einer farbigen Putzschicht versehen, dann wurde sie weiß übertüncht, und schließlich begannen die Künstler zu kratzen, was auf Italienisch »sgraffiare« heißt. So entstanden, noch ehe der Mörtel ganz trocken geworden war, fröhliche Wimmelbilder mit jahrhundertelanger Lebensdauer. Diese Sgrafitti-Fassaden begegnen uns in Südböhmen überall, aber nirgendwo in dieser Dichte.

Für die Motive gab es eigene Musterbücher, unter denen man das richtige Haus-Tattoo wählen konnte. Beliebt waren neben Bildern von Gelehrten und Herrschern Szenen aus der Bibel oder der römischen Geschichte.

Am Haus mit der Nummer 517 ist ein Band mit dem Who's who des Alten Testaments angebracht. In der Mitte sind römische Gottheiten und deren Einfluss auf die Menschen dargestellt. Unter Merkur, der mit einer von zwei Gockelhähnen gezogenen Kutsche unterwegs ist, entdeckt man Lehrer und Schüler, dem Kriegsgott Mars sind kämpfende und flüchtende Menschen zugeordnet, unter der Mondgöttin Luna legt eine Frau Leinen zum Bleichen im Vollmondlicht aus, und Venus hält ihren kleinen Amor an der Leine, während unter ihr ein paar Menschlein nackt baden. Durch Slavonice gilt es, mit offenen Augen und erhobenem Blick zu spazieren.

Adresse Horní Namesti 517, 37881 Slavonice | ÖPNV Direktzüge von Telč und Jihlava, damit auch von Prag und Brünn, Bahnhof zehn Gehminuten vom Stadtzentrum entfernt | Anfahrt vom Grenzübergang Fratres auf der 405 nach Slavonice | Tipp Mehrere Häuser wurden von Leopold Esterreicher mit kunstvollem Kreuzrippengewölbe ausgestattet, dem fast nur in Südböhmen vorkommenden an einen geschliffenen Edelstein erinnernden »Diamantgewölbe«. Eine signierte Ausführung ist noch im 1550 erbauten Haus Nummer 25 zu finden.

84 Die Hausgiebel

So schön kann der Schein trügen

Das südböhmische Zlabings, an der Grenze zu Österreich und Mähren gelegen, wurde 1260 erstmals erwähnt, hat aber sicherlich eine längere Geschichte. Aber so richtig los ging es im Hochmittelalter. Nach dem Erhalt des Stadtrechts wurde der dreieckige Stadtplatz gebaut, eingerahmt von den typischen ländlichen Handwerkshäusern. Ein zweiter, kleinerer Platz, der »obere« genannt, schloss sich an. Jedes Häuschen verfügte über einen Blick auf den Platz, nicht mehr als ein Stockwerk, ein bescheidenes Satteldach, einen Innenhof mit Wirtschaftsgebäuden und einen Streifen Grün für die Selbstversorgung.

In der Renaissance wurde Slavonice als Handelsplatz immer wichtiger, das Gewerbe blühte, die Stadt konnte sich meist ohne herrschaftliche Bevormundung mit einem erstaunlichen Maß an Selbstbestimmung gut entwickeln, auch dank eines starken Stadtrats.

Der zunehmende Wohlstand fand auch architektonisch seinen Niederschlag. Man begann, die bäuerliche Herkunft zu verstecken, und brachte an der dem Platz zugewandten Hausseite eine prächtige Fassade an. Diese war meist viel zu groß für das dahinterliegende kleine Haus. Und das war Absicht. Sie sollte den Eindruck eines mehrstöckigen Bürgerhauses erwecken. Das kleine Dachbodenfenster wurde vergrößert und rechts und links zum Schein noch je ein Blindfenster hinzugefügt. Auch der Giebel wurde noch mit Säulen, Balustraden und frühbarockem Schnickschnack optisch emporgehoben. Die Häuser Nummer 461 bis 467 am Stadtplatz sind gute Beispiele für diese architektonische Selbsterhöhung, ebenso wie manche Gebäude auf der gegenüberliegenden Seite.

Am besten lässt sich die Illusion vom großen Turm aus durchschauen. Dieser wurde mit Geldern der Tuchmachergilde finanziert und steht stolz in der Stadtmitte wie ein florentinischer Campanile. Es genügt, 176 Stufen in die Höhe zu steigen, um hinter die Fassade der Häuser blicken und den schönen Schein zu genießen.

Adresse Horní Namesti, 37881 Slavonice | ÖPNV Direktzüge von Telč und Jihlava, damit auch von Prag und Brünn, Bahnhof zehn Gehminuten vom Stadtzentrum entfernt | Anfahrt vom Grenzübergang Fratres auf der 405 nach Slavonice, Parkplätze nördlich der Altstadt in der Svatopluka Čechá | Tipp In der ehemaligen Schule befindet sich heute ein internationales Kultur- und Begegnungszentrum, das vom amerikanischen Paar Pamela und John Lifton-Zoline begründet wurde, die sich in die Stadt Slavonice verliebten. Vorbeischauen lohnt sich, es läuft sicherlich gerade eine Ausstellung oder eine andere Kunstaktivität.

85__Das Labyrinth

Wie das Wasser aus dem Keller kam

Unter den meisten Häusern der Innenstadt von Slavonice befindet sich ein bis heute nicht vollständig erforschtes System mittelalterlicher Gänge. Diese Kellergänge sind die älteste erhaltene Bausubstanz des ursprünglich gotischen Zentrums aus dem 12. Jahrhundert.

Im Mittelalter wurden sogenannte »Löcher« zur Aufbewahrung von Lebensmitteln unter den Häusern gegraben. In der Folge wurden diese zu Lagerräumen erweitert und auch für Handwerkstätigkeiten wie die Textilproduktion, die Weißgerberei oder die Fleischverarbeitung verwendet. Die unterirdischen Räume wurden händisch mit einer Klinge und einem Handhammer herausgegraben, obwohl oft sehr harte Gneisfelsen im Weg standen. Sprengstoff wurde bei dieser Arbeit nicht verwendet.

Immer wieder wurden die Keller bei starkem Regen überflutet. Die findigen Menschen überlegten sich deshalb ein ausgeklügeltes Ablaufsystem. Sie verbanden die Keller durch Gänge und leiteten das Wasser in Richtung des südlichen Wallgrabens ab. Möglicherweise wurden die unterirdischen Tunnel aber nicht nur zum Abfluss des Regenwassers, sondern auch als Trinkwasserreservoir genutzt. Als Zufluchtsort für Schutzsuchende bei Belagerungen diente der Tunnelkomplex wohl auch. Das war zum Beispiel 1423 der Fall, als die Hussiten Slavonice mehrere Wochen lang belagerten. Sie konnten die Stadt aber nicht einnehmen. Anders im Dreißigjährigen Krieg, als immer wieder plündernde Soldaten unterschiedlicher Herkunft durch die Stadt zogen und ihr und den Bewohnern großen Schaden zufügten.

Bis heute geben die unerforschten Teile des unterirdischen Systems den Fachleuten viele Rätsel auf. Die bereits ausgekundschafteten Gänge sind insgesamt mehr als einen Kilometer lang. Erkundungstouren führen interessierte Besucher in das Labyrinth im Untergrund. Vor dem Abstieg wird man mit Gummistiefeln ausgestattet – und die braucht man wirklich.

Adresse Turistické informační centrum Slavonice, *náměstí* Míru 476, 37881 Slavonice, www.shslavonice.cz | **Anfahrt** vom Grenzübergang Fratres auf der 405 nach Slavonice, Buchung der Tour im Tourismusbüro am Stadtplatz, Eingang zur Unterwelt ein paar Häuser weiter | **Öffnungszeiten** Juli, Aug. täglich 9–17 Uhr, Führungen zur vollen Stunde (nach Voranmeldung auch auf Deutsch), Juni und Sept. nur nach Voranmeldung, Kontakt siehe Website | **Tipp** In dem Haus, in dem man in die Unterwelt eintaucht, befindet sich eine typische tschechische Bäckerei, eine Cukrána. Ein echter tschechischer Honigkuchen ist hier zu empfehlen.

86 Das Museum Samorostů

Von Holzmännern und Holzfrauen

Er verbrachte so gut wie sein ganzes Leben in den Wäldern der Region České Canada. Er war Förster in seinem Brotberuf, heute ist er im Ruhestand und konzentriert sich nun voll auf seine große Leidenschaft.

Schon in jungen Jahren ist Karel Tůma auf seinen langen Streifzügen durch die Forste über eigenartige Verwachsungen an den Bäumen gestolpert. Die Knoten und Kerben in den Hölzern beflügelten seine Phantasie – war es die Einsamkeit, der tschechische Schalk oder auch beides gemeinsam? Stück um Stück trug er seine Funde aus dem Wald in sein Forsthaus. Manche wurden nur von der Rinde und Unreinheiten gesäubert, andere Hölzer bekamen auch Messer und Schleifpapier zu spüren. So schälte Karel die für ihn schon auf den ersten Blick ersichtlichen, meist menschlichen Formen aus seinen Fundstücken.

Wie verzauberte Wesen stehen die großen Holzmänner und Holzfrauen in seinem Garten, die kleineren Objekte befinden sich in der Garage und in der Scheune, die Karel in sein privates Museum umgewandelt hat. Manche seiner Fundstücke haben eine brutale Klarheit in ihrer geschlechtlichen Zuordnung, andere sind subtiler, feiner und liebevoller modelliert. Manch weiblicher Torso wirkt so realistisch, dass man tatsächlich in Versuchung gerät, ihn als Baumelfe wahrzunehmen.

Über 1.000 Ausstellungsstücke hat Karel Tůma gesammelt, darunter auch Tierfiguren wie Hirsche, Rehe und Dachse oder einfach wunderbar natürliche Verknotungen der Waldhölzer. Seine exzentrische Figurenwelt und einige ausgewählte Exponate dienten bereits in mehreren Filmen als Kulisse oder Requisiten. In der mit dem tschechischen Löwen ausgezeichneten Tragikomödie »Pelyky«, zu Deutsch »Kuschelnester«, hält der Schauspieler Jaroslav Ducek eine naturgeformte Keule aus diesem Museum in seinen Händen. Die Holzwesen sind an den Wochenenden im Sommer gegen eine Spende besuchbar.

Adresse Museum Samorostů, Stálkovská 23, 37881 Slavonice, Tel. +420/607632595 | Anfahrt von Slavonice ein Kilometer auf der 40632 Richtung Stálkov | Öffnungszeiten Mai – Sept. am Wochenende, Spenden erbeten | Tipp Das Bunkermuseum Pevnostní areál Slavonice liegt nur einen Kilometer entfernt, es ist Teil des Museums des 20. Jahrhunderts in Slavonice.

87_Die Keramikwerkstatt

Aus dem Dornröschenschlaf geküsst

Die bewegte Geschichte der 1.000-jährigen Grenze zwischen Böhmen und Österreich wird in einem kleinen Dorf wie Mařiž sehr deutlich sichtbar. 1372 stand hier bereits eine landesfürstliche Burg. Kurze Zeit später wurden Dorf und Feste zum selbstständigen Gut des Adelsgeschlechts der Maires, die Besitzer wechselten aber immer wieder. Der Dreißigjährige Krieg brachte dem Ort dann eine Plünderung nach der anderen. Dann folgten etwas ruhigere Zeiten, das Dorfleben stabilisierte sich, und ein Brauhaus wurde errichtet.

Von der Bauernbefreiung bis zum Zweiten Weltkrieg gehörte die Gemeinde dem politischen Bezirk Dačice an. In der Nazizeit wurde sie dem Bezirk Waidhofen an der Thaya einverleibt. Am 6. Juni 1945 vertrieben die tschechischen »Revolutions-Gardisten« 229 deutschsprachige Bewohner binnen einer einzigen Stunde aus ihren Häusern. Im Zuge der Errichtung des Eisernen Vorhangs wurden die meisten der noch verbliebenen Bewohner ausgesiedelt. Nur staatstreue Kommunisten durften bleiben. Viele der Häuser und auch das Schloss verfielen.

Bei einer Reise nach Südböhmen kurz nach dem Fall des Eisernen Vorhangs entdeckte der Prager Maler und Glasmacher Kryštof Trubáček dieses verlassene und beinahe zugewachsene Dorf. Die morbide Romantik des Ortes ließ Kryštof nicht mehr los. Und so beschloss er, dieser Tristesse mit seiner vor Fröhlichkeit schreienden Keramik etwas entgegenzusetzen. Er kaufte einen noch halbwegs intakten Hof und gründete bereits 1991 seine Keramikmanufaktur. Der Künstler schuf für sein Design eine eigene Marke und nannte sie Mařiž®. Die heitere Keramik überzeugt nicht nur durch die Einzigartigkeit jeder einzelnen Tasse – jeder Gebrauchsgegenstand ist ein Unikat –, sondern auch durch die Qualität der Keramik selbst. Bald lachten die bunten Figuren von Bechern, Tellern und Kannen aus Schaufenstern in tschechischen und österreichischen Großstädten.

Adresse Mařiž, autorská originální keramika, Mařiž 21, 37881 Slavonice | **Anfahrt** von Slavonice auf der 152 Richtung Westen, bei der Gabelung links in die 15211 | **Öffnungszeiten** Do–So 10–17 Uhr | **Tipp** Ein Spurensuche durch das geschundene und wiedererwachte Mařiž zahlt sich auf jeden Fall aus, vor allem wenn man nach dem Schloss Ausschau hält. Der ehemalige Prunkbau musste seinen Verfall in vielen Etappen ertragen, einige Mauerreste sind trotz allem erhalten, im Schlosspark ist ein Brunnen zu sehen.

88_Der Glasbläser

Glück und Glas

Jiří Kozel ist ein großer Mann, dem nicht so leicht die Luft ausgeht. Das ist für einen Glasbläser auch wichtig. Er ist einer der letzten, die noch selbst Glas schmelzen und formen. Wenn man ihm bei der Arbeit zusieht, dann möchte man sich im Licht der geschmolzenen Kristallmasse verlieren, und es tauchen Bilder aus der Vergangenheit auf.

Eine ganze Gruppe von Männern unterschiedlichen Alters war einst in der Hütte beschäftigt. Jeder hatte seine Aufgabe, es konnte nur im Team funktionieren. Der Arbeitstag begann um 6 Uhr früh, um 4 Uhr nachmittags oder um 4 Uhr morgens, je nach Wochentag und Schicht, und dauerte zwölf Stunden mit einer Stunde Pause. Der Ofenleiter bereitete die Rohstoffe auf, mit seinem Gehilfen wusch er den Quarzsand, stellte mit Pottasche und anderen Zusätzen wie Bleioxid die Mischung her. Der Schürer brachte das Feuerholz und heizte den Schmelzofen, den »Hafen«, auf die nötige Temperatur von 1.000, beim Läutern sogar auf 1.500 Grad Celsius. Der Schmelzer hatte als Einziger eine weiße Schürze an, so konnte er an der Farbe der zähen Glasbatzen genau erkennen, wann es so weit war. Dann rief er zum Schürer: »Geh klopfen!« Dieser eilte durch die Siedlung und weckte durch Schläge auf sein Holzbrett die Glasbläser auf, die rasch in die Hütte kamen und so lange Glas in die Formen bliesen, bis der »Hafen« leer war.

Die Glasmacher waren stolze Menschen mit großem handwerklichen Geschick und verrichteten eine anstrengende Arbeit. Ihre Kunst verbreitete sich vom Böhmerwald ausgehend in der ganzen Welt.

Jiří Kozel lässt sich gern bei der Arbeit zusehen. Familien mit Kindern kommen zu ihm, er gibt die Glaspfeife in ihre Hände, und sie dürfen unter seiner fachkundigen Anleitung ein eigenes Gefäß in die Holzform blasen. Er sorgt dafür, dass sein Handwerk, die Kunst des Glasmachens, in Südböhmen weiterlebt – und er hat glücklicherweise einen langen Atem.

Adresse Sklářská huť J&P, Stachy 122, 38473 Stachy | Anfahrt an der 145 zwischen Kašperské Hory und Vimperg, am Ortsanfang nach dem Teich und der Einfahrt in die Sidliště rechts zur Glashütte mit Parkplatz | Öffnungszeiten Di–Sa 10–13 und 14–16 Uhr, So 10–14 Uhr | Tipp Ganz in der Nähe, in Stachy 327, befindet sich das Feuerwehrmuseum (Pošumavské hasičské muzeum). Liebevoll von begeisterten Feuerwehrmännern eingerichtet, beinhaltet es Exponate auf zwei Stockwerken; ein blitzblank renoviertes Feuerwehrauto, der Opel Blitz aus dem Jahr 1943, ist der Stolz der Feuerwehrleute von Stachy.

89_Die Kettenbrücke

Die wandernde Ingenieurskunst

Friedrich Franz Schnirch erblickte im Jahr 1791 weit oben in Nordböhmen das Licht der Welt. Er wuchs am Fluss Egger auf, der hier bereits ein mächtiger Strom war. Seine Liebe zu Brücken, die ihn sein ganzes Leben begleiten sollte, mag hier ihren Anfang genommen haben. Seine Ausbildung führte ihn, wie in der Monarchie üblich, von zu Hause fort. Er absolvierte die Gymnasien Horn und Krems und besuchte das Polytechnikum für Brückenbau in Wien. Der erste Job des jungen Ingenieurs war in einem Bergwerk. Danach trat er in den Staatsdienst, zunächst bei der böhmischen Baudirektion, später als Stellvertreter Carl von Ghegas bei den k. k. Staatseisenbahnen. Schnirch entwarf weite Teile der Zugstrecken der Habsburgermonarchie.

Brücken beschäftigten Schnirch immer, vor allem Kettenbrücken hatten es ihm angetan. 1858 wurde sein Patent für Hängebrücken dann auch genehmigt. Bereits einige Zeit zuvor baute der böhmische Ingenieur die erste Kettenbrücke der Habsburgermonarchie bei Strážnice über die March.

Mit der Podolský-Brücke, seiner vierten Empire-Kettenbrücke, überspannte er die 91 Meter der Moldau in der Nähe von Písek. 113 Jahre lang blieb sie nun auf der Handelsroute von Bayern nach Galizien in Südpolen die wichtigste Verbindung über die Moldau.

In der Mitte des 20. Jahrhunderts wurde die Orlík-Talsperre erbaut, die Moldau wurde somit zum Stausee. Schnirchs Kettenbrücke hatte ausgedient. Bevor sie den Fluten zum Opfer fiel, erklärte man sie jedoch zum Nationalen Kulturdenkmal, baute sie sorgsam ab und beschriftete ihre Teile. Dann wurde sie andernorts neu errichtet. 13 Standorte, darunter einer im Ausland, hatten sich für den Wiederaufbau angeboten. Die Entscheidung fiel letztlich auf das kleine, aus 111 Häusern bestehende Städtchen Stádlec. Und hier steht sie nun als Letzte ihrer Art, überspannt den Fluss Lužnice und erinnert uns an große Ingenieurskunst.

Adresse Stádlecký řetězový most, 39161 Stádlec, GPS: 49.36726560, 14.51471080 | **Anfahrt** von Písek auf der 29 Richtung Osten, dann rechts in die 13711 und bis zur Brücke | **Tipp** Bei der Anreise fährt man auch über die neue Podolský-Brücke, die nun das Moldautal überquert. Sie besteht aus Stahlbeton und war zur Zeit ihrer Fertigstellung im Jahr 1943 eine der größten Brücken Europas.

90 Die Burg Landštejn

Wild umstritten

Grenzstreitigkeiten zwischen dem Königreich Böhmen und dem Herzogtum Österreich waren wohl der Hauptgrund für den Bau der größten romanischen Burg Südböhmens. Der Standort im damals böhmischen Vitorazsko wurde 1179 von Kaiser Friedrich Barbarossa Österreich zugesprochen. Die Grafen von Raabs und Zöbing nutzten die Gunst der Stunde und siedelten rasch ihre Untertanen in dieser Region an. Die Lage war jedoch alles andere als klar, Feindschaften und viele Kämpfe resultierten daraus. Erst 100 Jahre später wurde die Gegend durch die Heirat von König Přemysl Ottokar II. mit Margaretha von Babenberg befriedet und Burg Landstejn zurück an Böhmen gegeben.

Gegenüber der Burg Landštejn existieren noch Reste einer älteren, wohl gleichnamigen Burgruine. Von beiden Burgen aus hatte man einen sehr guten Blick auf den im Tal verlaufenden Handelsweg, der Böhmen mit Österreich und Italien verband. König Přemysl Ottokar I. hatte die Burg ganz bewusst an diesem neuralgischen Punkt errichten lassen, um Wegzoll von den vorbeiziehenden Händlern zu erheben.

Nach den Přemysliden erwarben Mitte des 13. Jahrhunderts die Wittigonen das Anwesen, mit ihnen fand die fünfblättrige Rose – hier die silberne auf rotem Grund – Einlass in auch diese Burg. Ruhig blieb der Ort jedoch nie, viele böhmische und einige österreichische Adelige wechselten sich in den folgenden Jahrhunderten als Besitzer ab: Aufrührerische Minister folgten auf mächtige Adelsfamilien, streitsüchtige Kriegsherren auf königstreue Landštejner, kämpferische Hussiten auf weltgewandte Diplomaten.

Bei so viel Gezänk ist es wohl ganz natürlich, dass in der Geschichte der Burg auch die »Weiße Frau« als Landštejnerin auftaucht, die alle ihre Nachfahren verflucht haben soll. Oder dass Schillers »Räuber« angeblich in einer Höhle im Wald unter der Burg hausten und hier ihr Unwesen trieben. Aber selbst das ist umstritten.

Adresse Hrad Landštejn, Landštejn 2, 37881 Staré Město pod Landštejnem | Anfahrt auf der 152 von Salvonice Richtung Westen, in Staré Město rechts auf die 1513, vor dem Teich links halten | Tipp Nur einen Pfeilschuss entfernt befindet sich das Schloss Dobrohoř. Seit 2012 ist es im Besitz einer etwas verrückten, verträumten, romantischen und abenteuerlustigen Familie, die sich seiner Rettung verschrieben hat und Ausstellungen, einen Weinkeller und ein entzückendes Schlosscafé einrichtete.

91 Die Burg Strakonice

Der orientalische Fes

Die Burg von Strakonice erhebt sich über der Mündung der beiden Flüsse Otava und Volyňka. Vom Adelsgeschlecht der Bawor von Strakonitz Anfang des 13. Jahrhunderts gegründet, wurde sie später dem Ritterorden der Johanniter geschenkt. Über 700 Jahre war die Burg der repräsentative Sitz der Großpriore der Johanniter. Nach der Gründung der Tschechoslowakischen Republik nach dem Ersten Weltkrieg musste der Orden jedoch seinen gesamten Grundbesitz in Strakonitz abgeben.

Heute ist ein Großteil der Anlage im Besitz der Stadt, die hier nun ein Museum betreibt. Zum einen ist die Burg selbst ein Museumsstück: Der Kleine Rittersaal fasziniert mit Renaissance-Malereien an seiner Decke, der Festsaal im Jelenka-Turm ist ebenso sehenswert wie die »schwarze Küche«, in der einst die Speisen für Feste zubereitet wurden.

Zum anderen ist die Anlage aber auch Heimat unterschiedlicher Museen. So kann man hier das Dudelsackmuseum oder eine Sammlung historischer Motorräder der in Strakonice produzierten Marke ČZ besuchen. Einzigartig ist die Ausstellung zur Textilgeschichte. Anfang des 19. Jahrhunderts gründete die Familie Fürth eine Textilfabrik, in der Wollstoffe hergestellt wurden. Durch ihre guten Kontakte erfuhren die Fabrikanten, dass in der Türkei sowie in anderen Ländern eine große Nachfrage nach der exotischen Kopfbedeckung »Fes« herrschte. Man spezialisierte sich schnell auf diesen orientalischen Kopfschmuck aus rotem Filz und lieferte ihn bis in die 1920er Jahre in viele muslimische Länder. Als das Tragen des Fes in der Türkei verboten wurde, brach der Absatz ein.

Die Fabrik, liebevoll »Fezko« genannt, produzierte nun Wintermützen, die sogenannte »hadovka«, und exportierte sie mit großem Erfolg sogar nach Afrika. Die Haube kam dort so gut an, dass sich ein afrikanisches Staatsoberhaupt mit solch einer Mütze auf dem Kopf sogar auf einer Banknote abbilden ließ.

Adresse Muzeum středního Pootaví, Zámek 1, 38601 Strakonice | Anfahrt von Katowice auf der 22 bis Strakonice, Burg am südlichen Flussufer der Otava, Burgfried nicht zu übersehen | Öffnungszeiten März–Dez. Di–So 9–17 Uhr | Tipp Im Burggraben befindet sich ein Streichelzoo, die meisten der Tiere wurden hier geboren. Futter kann man vor Ort kaufen, darüber freuen sich die Ziegen, Ponys und Esel immer.

92 Das Josef-Řezný-Denkmal

Töne aus dem Sack

Josef Řezný war Lehrer, Arbeiter, Museumsleiter, Ethnograf und Musiker. Er spielte Bratsche, Violine und Kontrabass, aber seine wahre Liebe galt dem Dudelsack.

Natürlich beherrschte er auch dieses bereits in der Antike verwendete Instrument. Aber nicht nur das: Er war der internationale Experte für Sackpfeife schlechthin. Sein halbes Leben wandelte er auf den Spuren der Dudelsackspieler und publizierte eine Reihe von Aufsätzen und Büchern. Als Ethnograf sammelte er etwa 1.000 Volkslieder, von denen zuvor weniger als die Hälfte veröffentlicht worden waren. Er fertigte unzählige Aufnahmen und musikalische Transkriptionen des Dudelsackspiels an und dokumentierte 76 verschiedene Tänze, die sonst vielleicht verloren gegangen wären. 1949 gründete Josef Řezný das Ethnografische Ensemble, aus dem bald ein Ensemble für Volkslieder und -tänze namens »Prácheň« hervorging. Außerdem war er Mitbegründer und Organisator des Südböhmischen Gesangs- und Tanzfestivals in Strakonice.

Zum 600. Geburtstag der Stadt schenkte er Strakonice das Internationale Dudelsack-Festival, das bis heute alle zwei Jahre stattfindet. Ende August reisen außer tschechischen Dudelsackspielern auch Künstler aus der halben Welt an, beispielsweise aus Schottland, Griechenland, der Slowakei, Spanien, Frankreich, Holland oder der Türkei. An den Festivaltagen verwandelt sich die mittelalterliche Innenstadt Strakonices in die bunteste und klingendste Stadt Südböhmens.

Die Stadtverwaltung hat Josef Řezný zum Dank ein Denkmal gesetzt, es steht in einem kleinen Park hinter der Burg. Hier findet sich auch eine Dudelsack-Ausstellung mit historischen Instrumenten und Aufnahmen von Kompositionen aus der ganzen Welt, die an den Musiker erinnert. Hier kann man gut einen Spaziergang durch die Straßen der Altstadt starten – und garantiert sind aus dem einen oder anderen Fenster Dudelsacktöne zu vernehmen.

Adresse Památník Josefa Režného, Pod Hradem 5, 38601 Strakonice | Anfahrt von Katowice auf der 22 bis Strakonice, Denkmal hinter der Burg Strakonice direkt gegenüber dem Sommerkino | Tipp Im angrenzenden Panská zahrada, dem Burggarten, befindet sich das Sommerkino. Hier werden in der warmen Jahreszeit auch Konzerte veranstaltet, aber vor allem das große Hexenfest, das jedes Jahr am 30. April begangen wird.

93_Das Schloss der Emy

Die Spionin, die mit Caruso sang

Am Zenit ihres Erfolges erwarb die weltberühmte Opernsängerin Emy Destinnová ein kleines Schloss an der Nežárka. Hier fand sie Ruhe im Garten oder bei einer ihrer Lieblingsbeschäftigungen, dem Fischen. Dieses Anwesen, zu dem sie später noch eine Mühle und eine Villa hinter dem Schloss dazukaufte und das Wälder, mehrere Teiche und eine Brauerei umfasste, brachte sie finanziell ans Limit, obwohl sie als Weltstar entsprechende Honorare kassierte. Vielleicht war aber auch ihr kostspieliger Liebhaber schuld, wie gemunkelt wird.

Eigentlich hieß sie Emilie Pavlína Kittlová, kam aus bestem Hause, genoss von Kindheit an eine umfassende literarische und musikalische Ausbildung und übernahm den Künstlernamen ihrer Lehrerin Maria von Dreger Loewe-Destinn. Sie begeisterte das Publikum mit ihrem klaren Sopran auf den größten Opernbühnen der Welt, in Berlin, London, Wien und Paris. Karrierehöhepunkte waren ihre Auftritte an der New Yorker Metropolitan Opera, wo sie mit dem Tenor Enrico Caruso ein umjubeltes Paar bildete.

Sie war als national gesinnte Tschechin auch politisch aktiv. Dabei wurde sie sogar einmal als Spionin verhaftet und in Stráž unter Hausarrest gestellt. Denn zu Beginn des Ersten Weltkriegs nutzte sie ihre Reisetätigkeit, um geheime Botschaften zu transportieren, die zwischen der tschechischen Widerstandsbewegung Maffie, die sich gegen die Habsburger richtete, und den Exiltschechen rund um den späteren Präsidenten Tomáš Garrigue Masaryk ausgetauscht wurden.

Als die Tschechoslowakische Republik 1918 gegründet wurde, war Emy Destinnová eine ihrer Nationalheldinnen. Bis heute ist ihr Bild auf dem 2.000-Kronen-Schein zu sehen. Jedes ihrer Konzerte – auch das letzte in London 1928 – beendete sie mit der heutigen Nationalhymne Tschechiens: »Kde domov můj« – »Wo ist meine Heimat?« Für Emy Destinnová, den weltweit gefeierten Star, war es Südböhmen.

Adresse Zámek Stráž nad Nežárkou, Náměstí Emy Destinnové 1, 37802 Stráž nad Nežárkou, www.zamekstraz.cz | **Anfahrt** von Třeboň auf der E 551 Richtung Jindřichův Hradec, in Stráž gleich bei der Tankstelle am Ortsbeginn links in die Třeboňska und dieser bis zum Ende folgen, Schloss geradeaus | **Öffnungszeiten** Juli, Aug. Di–Sa 10–16 Uhr, So 10–13 Uhr | **Tipp** Frische Milch und selbst gemachten Käse oder Butter erhält man in der kleinen Molkerei »Minimlekarna Mláka«, an die ein bezaubernder Laden angeschlossen ist. Sie liegt fünf Kilometer von Stráž entfernt Richtung Třeboň (Mláka 81, 37901 Novosedly nad Nežárkou).

94 Das Keramikdorf

Ton, Erz und Scherben

Das Keramikdorf Klikov, erstmals 1654 erwähnt, ist sicher eine weit ältere Ansiedlung. Hier lebten die Menschen von dem, was der Boden hergab. Das prägte auch die Landschaft, und die Spuren kleiner Bauernhöfe, der Holzkohleerzeugung und des Korbflechtens sind noch sichtbar.

Nach und nach siedelten sich hier deutsche Bergleute und Hammerarbeiter an, um als Experten in der Verhüttung von Eisenerz in der zu Klikov gehörenden Eisenhütte Františkov tätig zu sein. Reste der alten Stollen in der Nähe des Dorfes sind stumme Zeugen des Eisenerzabbaus. Der deutsche Ortsname Klikau stammt wohl auch aus dieser Zeit; damals wie heute wird der Gruß »Glück auf!« bei Bergleuten verwendet. Ende des 19. Jahrhunderts wurde an anderen Standorten billigeres und dennoch hochwertiges Eisen produziert. Die Verarbeitung des eher minderwertigen Klikover Eisenerzes fand dadurch ein allmähliches Ende.

Die Menschen aus Klikov verlegten sich nun weitgehend auf die Produktion von Töpferwaren. Hochwertigen Ton gab es in der ganzen Umgebung, man musste nur in den Boden stechen. In zwölf Töpferwerkstätten fanden um 1900 circa 80 Familien ihr Auskommen. Als Tonstecher, Töpfer oder Lieferanten.

Heute sind in Klikov die meisten Schornsteine der Keramiköfen verschwunden, und es ist recht ruhig geworden. An manchen Häusern sieht man noch tönerne Hausnummern oder verspielte Verzierungen, die an den Keramik-Boom erinnern. Wenige hundert Meter außerhalb des Dorfes zwischen Feldern und Wiesen steht dann aber doch noch ein Schornstein, aus dem weißer Rauch emporsteigt. Er befindet sich neben einem sehr alten, hübschen Hof, in dessen blühendem Garten Keramik-Elfen spielen und Ton-Trolle tanzen. Das ist die Keramikmanufaktur Hofhanzl. Hier hat man eine schier unendliche Auswahl an Töpferwaren aller Art: von Dingen des täglichen Gebrauchs bis zu monumentalen oder winzigen Gartenskulpturen.

Adresse Hrnčírna Hofhanzl, Klikov 4, 37805 Suchdol nad Lužnicí, GPS: 48.908455, 14.908431 | **Anfahrt** von Budweis auf der 157 Richtung Osten, hinter Ledenice links auf die 155 | **Tipp** Auch die Entnahme von Sand hat die Landschaft der Gemeinde Suchdol nad Lužnicí stark verändert. Sandgruben mit türkisblauem Wasser erinnern an heißen Tagen an die Strände von Südspanien. Es gibt hier kleinere und größere Teiche, einer ist schöner als der andere.

95 Der Jordan

Eine Sozialutopie im Mittelalter

Der Name Tábor klingt recht biblisch, und das ist kein Zufall. Das merkt man spätestens beim Bad im Jordan, wie die breite Wasserfläche in der Stadtmitte heißt. Die Gründer der Stadt wollten zurück zum Ursprung, zur Einfachheit, direkt zu den Worten der Bibel, ohne den Umweg einer verkommenen Kirche. So verstanden sie auch die Worte des charismatischen Predigers Jan Hus, jenes südböhmischen Priesters und Prager Universitätsprofessors, der die korrupte Kirche friedlich erneuern wollte und seine Vorschläge mit dem Tod am Scheiterhaufen beim Konzil in Konstanz bezahlen musste.

Seine Anhänger, die sich nach ihm »Hussiten« nannten, wollten schon im Diesseits eine neue, gerechtere, friedlichere Welt realisieren und gründeten 1420 eine Stadt. Sie benannten sie nach dem biblischen Berg Tábor, regierten nach den Gesetzen der Bibel und waren keiner weltlichen Macht untertan. Eine Stadt, in der alles allen gemeinsam gehören, in der alle Menschen von gleichem Rang sein sollten – ein erstaunliches Sozialexperiment im ausgehenden Mittelalter.

Tábor merkt man die Besonderheit an vielen Ecken noch an. Auch bei der Wasserversorgung. Für die Stadt, die am Berg wie eine Festung errichtet wurde, musste das Trinkwasser aus einem Fluss umgeleitet und aufgestaut werden. Es ist die älteste Talsperre in Mitteleuropa. Ein großer Turm löste das Problem des Gefälles: Wasser aus dem Jordan wurde 32 Meter in die Turmspitze gepumpt und von dort aus durch hölzerne Rohre in den Stadtbrunnen geleitet. Nach einem Brand musste der Wasserturm erneuert werden, er erhielt neben einer perfekten Funktionalität auch noch ein apartes Äußeres.

Und was blieb von der Utopie? Nach unablässigen Angriffen der katholischen Heere, nach inneren Richtungsstreitigkeiten und Feindschaften und nachdem die Blutspuren der Geschichte sorgfältig weggewischt wurden, bleibt nun einfach eine schöne Stadt mit einem einzigartigen Flair.

Adresse Vodárenská věž, Žižkova / Ecke Tržní námesti, 39001 Tábor | ÖPNV mit dem Zug von Linz, Prag, Budweis oder Bechyne, Bahnhof in der Mitte der Stadt | Anfahrt von Budweis 60 Kilometer auf der E 55, von Vesely 30 Kilometer Richtung Norden | Tipp Im Hussitenmuseum im historischen Rathaus mit seinem gotischen Gewölbe erfährt man viel über die Reformbewegung. Führer im historischen Gewand leiten mit einer Laterne durch das Labyrinth der unterirdischen Gänge.

96 Die Requisitensammlung

Unter der Haube von Brad Pitt

Am Rand der Stadt, bei der Hausmühle am Bach Košínský, riecht es nach Metall. Die Stille wird von einem Schrei zerrissen. Rüstungen klirren, der bedrohliche Klang von Schwertern, die aufeinanderschlagen, immer und immer wieder … Wenn man das hört, dann ist man richtig und kann entspannt das Navi abschalten.

Bald steht man vor einer alten, liebevoll renovierten und für die Region typischen Mühle. Aber einige Dinge verwirren. Ist man nun in Südböhmen oder in Hollywood? Es gibt hier jedoch jemanden, den man fragen kann, wenn er das Schwert einmal aus der Hand legt, den Ritterhelm abnimmt und seinen Workshop-Teilnehmern eine kurze Pause gönnt: Petr Nůsek. Er hat diesen Hof mit viel Liebe zum Detail zum Refugium für sich und sein Team gemacht. Nůsek ist einer der international bedeutendsten Choreografen und Lehrer in Sachen Schaukampf mit Schwert, Florett und Degen, aber auch mit Holzstangen und Dreschflegel. Viele Größen des Kinos haben bei ihm gelernt, sich von ihm in Kampfszenen doubeln lassen oder seine Utensilien im Film verwendet.

Und um diese Utensilien geht es hier. Waffen und Rüstungen, die in großen Filmen, Theaterstücken und Musicals zum Einsatz kommen, werden hier designt und gefertigt. Und viele der Requisiten kehren nach ihrem Einsatz mit leichten Gebrauchsspuren auch wieder zurück, über 3.000 haben sich in der alten Mühle mittlerweile angesammelt und bilden das einzigartige Museum. Eine Besonderheit ist, dass man die Exponate selbst ausprobieren darf. Zum Beispiel eine Rüstung – vorausgesetzt, es stört einen nicht, dass diese schon Tom Cruise getragen hat, wie Petr Nůsek verschmitzt erklärt.

Die Mühle ist nicht nur Sitz der Firma »Agentur für Geschichte in Aktion«, ein Museum und ein Lokal, sondern sie beherbergt auch eine ganz bezaubernde Pension mit Zimmern, die alle unterschiedlich ausgestattet sind. Mit viel Phantasie – oder besser gesagt: Fantasy.

Adresse Pod Holečkovými sady 383, 39001 Tábor | **ÖPNV** mit dem Zug von Linz, Prag, Budweis oder Bechyne, vom Bahnhof Tábor etwa zwei Kilometer auf der 137 (Budějovicka) Richtung Westen | **Anfahrt** von Budweis 60 Kilometer auf der E 55, von Vesely 30 Kilometer Richtung Norden, vom Center Parking zu Fuß ein Kilometer auf der Jordánska, dann in die Pod Holečkovými sady einbiegen, noch 400 Meter zur Mühle | **Öffnungszeiten** Mai, Juni, Sept. Sa und So, Juli, Aug. täglich, Führungen um 10, 11, 13, 15 und 16 Uhr | **Tipp** Wer noch nicht genug von alten Kostümen und Illusionen hat, dem sei der Gruselkeller (Strašidelné podzemí) hinter dem Hauptplatz in der Hrnčířská 295/2 empfohlen.

97 Das Schokoladenmuseum

Zu süß zum Essen

Schokolade schmilzt bei 37 Grad Celsius, das entspricht der Körpertemperatur des Menschen. Und das macht diese wunderbare Nascherei zu einem so sinnlichen Erlebnis. Ganz abgesehen vom Geschmack, bei dem man gleich selbst schmelzen möchte.

Die Phrase »wie im Paradies« kann in Südböhmen fast schon inflationär verwendet werden. Es bietet eine wunderschöne Natur für Naturliebhaber, Denkmäler für Geschichtsinteressierte, wunderbare Altstädte für Kunst- und Architekturfreunde – und für die Bierliebhaber ist die ganze Region ohnehin ein Paradies.

Und dann gibt es noch das Schokoladen- und Marzipan-Paradies in Tábor. Eigentlich ist es ein Museum, allerdings kann man hier nicht nur erstaunliche Objekte sehen – allein das würde schon einen Besuch lohnen –, sondern man darf Marzipan und Schokolade kosten, schlecken, trinken, gießen und genießen. Und sogar selbst mit anpacken: In einem Workshop lernt man die Kunst, Rosen und Hochzeitspaare aus Marzipan zu formen. Hier werden Pralinen hergestellt und Figuren gegossen, man malt mit Schokolade auf Esspapier, darf seiner Phantasie freien Lauf lassen und seine selbst hergestellte Schokoladentafel oder Bonbonniere am Ende natürlich mit nach Hause nehmen.

Seit 2012 gibt es das Museum mit über 1.000 Quadratmetern Ausstellungsfläche in drei mittelalterlichen Häusern im Stadtzentrum. Die Geschichte der Schokolade und die Geheimnisse ihrer Herstellung werden hier auf Informationstafeln in tschechischer und deutscher Sprache vermittelt. Gezeigt werden aus Schokolade oder Marzipan gefertigte Modelle bekannter Persönlichkeiten, ähnlich wie in einem Wachsfigurenkabinett. So kann man etwa mit dem tschechischen Eishockeyidol Jaromír Jágr ein Selfie machen. Eine riesige, maßstabsgetreue Dampflokomotive und ein wunderschönes, detailverliebtes Modell der Altstadt von Tábor finden sich ebenfalls – der süßeste Stadtplan der Welt.

Adresse Muzeum čokolády a marcipánu, Kotnovská 138, 39001 Tábor | Anfahrt von Budweis 60 Kilometer auf der E 55, von Vesely 30 Kilometer Richtung Norden, Museum nur wenige Meter südlich des Stadtplatzes | Tipp Gleich nebenan liegt das Café Budík, die erste Chocolaterie von Tábor mit allerlei Köstlichkeiten. Originell und außergewöhnlich sind die vielen verschiedenen Wecker (auf Tschechisch budík) – trotzdem vergisst man hier die Zeit (www.cafebudik.cz).

98 Der steinerne Tisch

Der Traum der Hussiten

Die hussitischen Einwohner Tábors glaubten an denselben Gott wie die Katholiken, an die Bibel, die Jungfrau Maria, die Auferstehung Christi und das ewige Leben. Dennoch wurde ihrem Lehrer Jan Hus beim Konzil von Konstanz der Prozess gemacht, und er wurde zum Tode verurteilt. Kurz vor seiner Hinrichtung bemerkte Hus mit einer gewissen Genugtuung, dass seine katholischen Richter wenigstens gezwungen gewesen seien, seine Schriften zu studieren, und dies wohl genauer, als sie es jemals mit der Bibel tun würden. Nach seinem Tod bildete sich eine große Anhängerschar, der Papst rief daraufhin zum Kreuzzug gegen die Hussiten auf.

Was war so anders an ihrem Glauben, dass man sie als Ketzer verfolgte? War es die Tatsache, dass Hus nicht in Deutsch, der Sprache der böhmischen Eliten, sondern in Tschechisch, der Sprache des Volkes, predigte? War es seine entlarvende Darstellung, wie weit sich die reiche, politisch mächtige Kirche von ihrem ursprünglichen Anspruch entfernt hatte? Oder war es diese eine Forderung, die unbedeutend anmutet, aber zu Hunderten Schlachten und Tausenden Litern vergossenen Blutes führte? Das Abendmahl sollte auch von Laien und in beiderlei Gestalt ausgegeben werden dürfen, zur Hostie sollte also auch ein Schluck Wein in einem Kelch getrunken werden.

Vor dem Rathaus der »Gottesstadt« Tábor – und bewusst nicht vor der Kirche – steht ein Tisch aus Stein, der eigens für dieses Ritual errichtet wurde. Hier wurde in aller Öffentlichkeit das Abendmahl gefeiert, das Brot gebrochen und jedem der Kelch gereicht. Der Kelch wurde zum bestimmenden Unterscheidungsmerkmal und zum Symbol der Hussiten sowie ihrer verwandten Religionsgruppen, der Kalixtiner, Utraquisten und Böhmischen Brüder, die jahrhundertelang verfolgt wurden. So finden wir in Böhmen auf manchen Grabplatten und Häusern immer wieder das Symbol des Glaubens und Widerstands: den Kelch.

Adresse Žižkovo náměstí 1, 39001 Tábor | **ÖPNV** mit dem Zug von Linz, Prag, Budweis oder Bechyne, Rathaus zentral am Hauptplatz | **Anfahrt** von Budweis 60 Kilometer auf der E 55, von Vesely 30 Kilometer Richtung Norden | **Tipp** Im Hus-Park in der Straße Husova befindet sich die Statue des Reformers. Sie wurde vom berühmten tschechischen Jugendstil-Künstler František Bílek angefertigt. Das Denkmal wurde 1928 errichtet und trägt die Inschrift »Flammen bewegen sich zur Wahrheit«.

99 Das Atomkraftwerk

Wo sich die Geister scheiden

Zu sehen sind sie schon von Weitem. Vom Klet' bei Krumau, von der Straße in Richtung Märchenschloss Hluboká. Aber auch vom niederösterreichischen Mandelstein oder dem oberösterreichischen Leopoldschlag. Gemeint sind die 155 Meter hohen Kühltürme von Temelín mit ihren weißen Rauchfahnen.

Unübersehbar ist die Anlage für alle. Höchst unterschiedlich aber sind die Gefühle, die der Anblick auslöst. Für die einen stellt das Kraftwerk ein Symbol fehlgeleiteter Energiepolitik und eine tägliche Bedrohung dar, für die anderen ist es der Gipfel der technischen Errungenschaften und ein Garant für zukünftige Energiesicherheit. Die unterschiedlichen Sichtweisen prallen an der Staatsgrenze aufeinander.

Mit 5.000 Arbeitern wurde der Bau am 1. Februar 1987 begonnen. Aus Österreich kam Protest, besonders nach dem Unglück von Tschernobyl. Die Freude über die Grenzöffnung 1989 und der Wille zur Zusammenarbeit wurde vom Thema Atomenergie überlagert. Als ein Grünen-Abgeordneter mit einer Gruppe von Kernkraftgegnern nach Temelín kam, wurde er mit einer Delegation des Linzer Industriebetriebs VOEST verwechselt und deshalb freundlich empfangen.

Mittlerweile gibt es auch in Tschechien Skepsis und Widerstand, wie die Jihočeske matky, die »Südböhmischen Mütter«, zeigen. Auch der Atomingenieur Dalibor Strasky, der am Kraftwerk in Temelín federführend mitwirkte, hat mittlerweile die Seiten gewechselt und ist nun Anti-Atom-Beauftragter des Landes Oberösterreich. Aber die Mehrheit der tschechischen Bevölkerung ist immer noch klar für die Atomkraft, und Temelín soll mit neuen »Minireaktoren« erweitert werden. Die Konflikte mit dem Nachbarland sind wie ein Schwelbrand, das Feuer flackert immer wieder auf, das Thema wird bei freundschaftlichen Treffen tunlichst ausgespart. Und das können die Menschen beiderseits der Grenze recht gut: ein Bier miteinander trinken und schwierige Themen besser weglassen.

Adresse Temelínská Elektrárna, 37501 Temelín | **Anfahrt** direkt an der 105 zwischen Týn und Hluboká | **Tipp** Wer sich über technische Details informieren möchte, dem sei die Ausstellung im nahen Renaissanceschloss, das zum Atomkraftwerk gehört und während der Bauzeit als Werksküche diente, sehr ans Herz gelegt. Eine fast schon bizarr wirkende Technikgläubigkeit, didaktisch aufbereitet und auch in deutscher Sprache, wird den Besuchern in Modellen, Exponaten und Videos vermittelt (Vysoký hrádek, Březí u Týna nad Vltavou 1).

100 Die Alchemistenbar

Die Kunst, Gold in Bier zu verwandeln

Die Alchemie legte mit ihrem naturphilosophischen Zugang, der Untersuchung von Stoffen und der Freude am Experiment die Basis für die moderne Chemie. Unter den Alchemisten befanden sich allerdings auch große Abenteurer. In den beeindruckenden Gewölbebögen des Schlosses Třeboň versuchten in den 1580er Jahren zwei berühmte englische Alchemisten, aus unedlen Metallen Gold zu erzeugen – oder es ihren Geldgeber Wilhelm von Rosenberg zumindest glauben zu lassen.

Eduard Kelley war mit seinem älteren Alchemistenkollegen Dr. John Dee aus England an den Prager Hof gereist, um beim abergläubischen Kaiser Rudolf II. ein offenes Ohr und eine offene Börse zu finden. Als Dr. Dee dort in Ungnade fiel, erhielt er Schutz bei Wilhelm von Rosenberg und eine Anstellung im Labor in Wittingau. Auch Kelley hatte in diesem Keller schon experimentiert, ehe er nach Prag berufen wurde, um dort seinen Freund Dee zu ersetzen. Der Gentleman Kelley verzückte ganz Prag, und von seinem Pulver in einer Steinkugel versprach sich Rudolf große gesundheitsfördernde Wirkung. Der Hofalchemist brachte es zu einem ansehnlichen Vermögen, aber auch er verlor schließlich die Gunst des Kaisers, wurde gefangen genommen, enteignet und in den Kerker geworfen. Die Fürsprache der Rosenberger und seines Kollegen Dee halfen nichts. Schließlich floh er aus dem Kerker, brach sich dabei ein Bein und erlag Tage später seinen Verletzungen.

Dem Abenteurer Kelley und seinem Kollegen Dee darf man ruhig gedenken, wenn man in der Alchemistenstube sitzt, während nebenan in der Küche Köstlichkeiten kreiert werden. Auch ein bestimmtes Getränk wurde ein paar Häuser weiter einem bemerkenswerten Wandlungsprozess unterzogen: Aus Wasser, Gerste und Hopfen ist flüssiges Gold entstanden. Es kann hier getrunken werden, bei freundlicher Bedienung, ganz ohne Angst und in einzigartigem Ambiente.

Adresse Krcma U Kellyho, Zámek I/110, 37901 Třeboň | **ÖPNV** Direktzüge von Gmünd (A) und České Budějovice, Alchemistenstube am Ende des Platzes in einem Teil des Schlosses | **Anfahrt** direkt an der 24, südlich von Veselí nad Lužnicí, nördlich von Gmünd (A) und Suchdol nad Lužnicí | **Öffnungszeiten** täglich 11–22 Uhr | **Tipp** Ein Schritt durch die Stadtmauer, und man findet sich in einem wunderbaren Schlossgarten wieder, der sich fast um die ganze Stadt legt und durch einen botanischen Garten ergänzt wird.

101 Die Märchenbrücke

Landschaft aus Wasser gebaut

Mitte des 18. Jahrhunderts reformierte Kaiserin Maria Theresia die Fischzucht in der Monarchie, die Gewässer wurden an die Fischmeister verpachtet, lokaler Fischhandel war erlaubt. Im Zuge der Landreform bestimmte sie auch, in welchen Teilen der Kronländer Teiche erhalten blieben und wo diese in Acker- oder Futterflächen umgewandelt werden sollten. Ein Grund für Maria Theresias Entscheidung, die südböhmischen Teichlandschaften zu bewahren, war mit Sicherheit das ausgeklügelte Teichsystem von Třeboň.

Ende des 15. Jahrhunderts beauftragten die Rosenberger ihren Oberfischmeister Štěpánek Netolický, das bestehende Teich- und Flussnetz neu zu überdenken. Netolický schuf ein gewaltiges System mit Zu- und Abflüssen zwischen den Teichen, den »Goldenen Kanal«. Danach trat Jakub Krčín in den Dienst der Rosenberger und übernahm Netolickýs Aufgaben. Für Krčín war small nicht beautiful, er wollte mehr. Am Anfang stand der Bau des 214 Hektar großen Svět, dann kam eine Reihe etwas kleinerer Teiche hinzu. Sein Lebenswerk aber war der Rožemberk-Teich, mit dessen Anlage er 1584 begann. Die Arbeiten dauerten sechs Jahre. 750.000 Kubikmeter Erde wurden händisch ausgehoben und wegbefördert. Zum Vergleich: Für diese Menge muss ein siebeneinhalb Tonnen schwerer Lastwagen 100.000 Mal beladen werden. Nach seiner Fertigstellung überschwemmte der Teich 1.000 Hektar Land mit 6,3 Millionen Kubikmetern Wasser.

Damit die Händler nun nicht einen weiten Bogen um das Gebiet machen mussten, ließ Krčín eine erste Holzbrücke bauen. 200 Jahre später errichtete Josef Rosenauer im Auftrag der Familie Schwarzenberg eine Brücke aus Stein. Dieser Teil des Teichs wurde später abgetrennt und trägt nun den Namen Vctek. Die Brücke selbst ist als »Märchenbrücke« in vielen Filmen zu sehen.

Während des Hochwassers 2002 schützte der Rožemberk-Teich die ganze Region, indem er 75 Millionen Kubikmeter Wasser zurückhielt.

Adresse Kamenný most přes rybník, Vítek, 37901 Třeboň | Anfahrt von Třeboň auf der E 551 Richtung Jindřichův Hradec, nach 3,8 Kilometern links, nach 270 Metern rechts, Brücke nur für Radfahrer und Fußgänger zugänglich | Tipp Den schönsten Blick hat man von der Schnellstraße aus, hier darf man jedoch nicht parken oder zu Fuß gehen. Ein paar hundert Meter weiter kann man rechts abbiegen, dort findet man eine wenige Jahre jüngere Brücke im selben Stil, die ebenfalls von Josef Rosenauer errichtet wurde.

102 Der Schwarzenberg-Rabe

Politisch korrekt – die Haltung, nicht das Wappen

Ein Geschenk von Kaiser Ferdinand III. veranlasste die Familie Schwarzenberg, sich hier niederzulassen. Es handelte sich nicht irgendein Geschenk, sondern um die Stadt Třeboň mit dem Schloss und den fischreichen Teichen. Als aufgeklärte Fürsten sahen sich die Schwarzenberger als Wirtschaftstreibende und Regionalentwickler. Eine Förderung des Handwerks bedeutete höhere Einnahmen, eine Modernisierung der Landwirtschaft ebenso. Bildung und internationale Vernetzung waren so selbstverständlich wie das Beherrschen von Deutsch und Tschechisch.

Überall kann man heute noch ihr Wappen mit dem schwarzen Raben sehen. Wer genauer hinschaut, dem läuft ein Schauer über den Rücken. Der Rabe im Bild hat sich auf dem Kopf eines Türken festgekrallt und pickt in dessen Auge. Die grausame Darstellung spielt auf die Taten eines Ahnherrn an, der an der Eroberung einer türkischen Festung beteiligt war. Manche Heraldiker mögen das genussvoll ausgenutzt haben, aber der Meister, der den Brunnen im Burghof errichtete, wollte das offensichtlich nicht. Er begnügte sich mit der gemäßigten – immer noch recht heftigen – Veranschaulichung des Schwarzenberg'schen Raben, der drei Köpfe an den Haaren zieht.

Zur politischen Ehrenrettung der Familie muss allerdings gesagt werden, dass der in Orlík ansässige Zweig der Schwarzenberger die tschechische Unabhängigkeit immer unterstützte, auch als die Nazis im Anmarsch waren. Familienmitglieder waren im Widerstand, Jindřich von Schwarzenberg wurde ins KZ Buchenwald gesperrt. Die Dankbarkeit des tschechischen Nachkriegsstaats hielt sich aber in Grenzen. Ein Großteil des Familienbesitzes wurde konfisziert, der in der Tschechoslowakei gebliebene Arnošt von Schwarzenberg inhaftiert. 1989 wendete sich das Blatt, die Familie wurde rehabilitiert und Karel Schwarzenberg von Václav Havel zum Außenminister ernannt.

Adresse Zámek Třeboň, Zámek 115, 37901 Třeboň, www.zamek-trebon.cz | **ÖPNV** Direktzüge von Gmünd (A) und České Budějovice | **Anfahrt** direkt an der 24, südlich von Veselí nad Lužnicí, nördlich von Gmünd (A) und Suchdol nad Lužnicí | **Öffnungszeiten** Park und Hof immer zugänglich, Schlossführungen Juli, Aug. täglich 9–16.30 Uhr, im Frühling und Herbst Mo Ruhetag, im Dez. geschlossen | **Tipp** Etwa anderthalb Kilometer vom Zentrum entfernt befindet sich auf der südlichen Seite des Teichs Svět die im neogotischen Stil gestaltete Gruft der Familie Schwarzenberg. Die Krypta birgt 26 Särge, die Kapelle liegt inmitten eines englischen Parks mit 2.000 Bäumen und 40 seltenen Holzarten.

103 Der Svět

Ein Teich, der die Welt bedeutet

An Třeboň kommt man so einfach nicht vorbei. Ob mit dem Zug, dem Fahrrad oder dem Auto – sobald sich ein Teich an den anderen reiht, weiß man: Die kleine Renaissance-Stadt kann nicht mehr weit sein. Etwa 6.000 künstlich angelegte Teiche haben die flache Landschaft verändert und zu einer der romantischsten in der Republik gemacht. Die Natur hat den Kulturraum mitgestaltet, zahlreiche kleine Inseln, Sümpfe und Moore bieten der Tier- und Pflanzenwelt hier viele Entfaltungsmöglichkeiten.

Ein doppelter Damm mit 300 Jahre alten Eichen darauf trennt das Städtchen von dem vor seiner Haustür liegenden Teich, dem Svět. Er war das erste Werk des Teichbaumeisters Jakub Krčín und trug ursprünglich den Namen »Nevděk«, also »Undank«, da die Arbeiten bezüglich des Zuflusses aus der Luznice immer wieder Schwierigkeiten bereiteten.

Auch der Svět wurde Mitte des 16. Jahrhunderts – wie die meisten anderen Teiche – für die Zucht von Fischen angelegt. Vor allem der Karpfen verhalf Třeboň zur wirtschaftlichen Blüte und prägt Südböhmen bis heute. Seit dem 20. Jahrhundert wird der Teich auch als Erholungsgebiet genutzt. Ein Wanderweg führt rundherum, vorbei an einem kleinen, entrückten Schlösschen, dem Grabmal der Familie Schwarzenberg. Mit dem Ruderboot ist auch die kleine Insel zu erreichen, hier befindet sich ein mittelalterlicher Brunnen, aus dem das Brauwasser für die lokale Brauerei stammte; er funktioniert bis heute. Schwimmen kann man an den großen Stränden an der Nord- und Ostseite und in einem kleineren Schwimmbad am Südufer. Zuschauen und mitfiebern darf man bei der spannenden internationalen Třeboň-Regatta, sie findet regelmäßig im August statt.

Neben dem Ausflugsschiff, der »Petr Vok«, schwimmen Karpfen dicht an der Wasseroberfläche; sie sind zum Greifen nahe. Musiker nehmen ihre Instrumente zur Hand und untermalen die Fahrt über den Teich, dessen Name auf Deutsch »Welt« bedeutet.

Adresse Novohradská, 37901 Třeboň | **ÖPNV** Direktzüge von Gmünd (A) und České Budějovice | **Anfahrt** von Budweis auf der 34 Richtung Westen, von Veselí nad Lužnicí auf der 24 Richtung Süden oder von Gmünd (A) und Suchdol nad Lužnicí Richtung Norden, bester Zugang über die Novohradská, Teich nicht zu übersehen | **Tipp** Třeboň ist auch ein Kurort. Erkrankungen des Bewegungsapparates und Rheuma werden mit Torf aus den lokalen Mooren behandelt. Sehr hübsch ist zum Beispiel die Kuranlage Lázně Aurora.

104 Die Terrasse

Ein Bier mit Ausblick

Wittingau wurde, wie könnte es anders sein, von den Witigonen Ende des 12. Jahrhunderts als Station an einem Handelsweg mitten im Wald gegründet. Der tschechische Name Třeboň tauchte erst 200 Jahre später auf, nachdem der Ort an die Rosenberger übergegangen und eine Befestigungsanlage entstanden war.

Etwa zur selben Zeit kamen auch die Augustinermönche und errichteten hier ein beeindruckendes Kloster samt Kirche. Aus der Festung wurde im nächsten Jahrhundert ein Schloss. Die Kirche ist mit dem Schloss über einen 100 Meter langen Gang verbunden, der durch die Dächer des Klosters führt. Diesen Weg nutzten die Herrschaften, um unbehelligt vom Volk und vor Regen geschützt die Messe besuchen zu können.

Die gesamte Altstadt strahlt eine malerische Idylle aus, perfekt sanierte Renaissance- oder Barockhäuser, dazwischen hin und wieder ein mittelalterliches Bauwerk, das vom großen Brand im 16. Jahrhundert verschont blieb. Eine Brauerei durfte ebenfalls nicht fehlen. 1379 gegründet, versorgte sie die Herrschaft, den Klerus und das Volk mit dem goldenen Lebensmittel. Fürst Schwarzenberg lud italienische Baumeister, die Gebrüder de Maggi, den Wiener Künstler Anton Erhard Martinelli sowie den Prager Paul Ignaz Bayer 1698 ein, aus dem ehemaligen Zeughaus eine Brauerei zu machen.

Außerhalb des prunkvollen Stadttors steht linker Hand der barocke Industriebau mit der Aufschrift »Pivová«. Eines der beiden schmiedeeisernen Tore führt hinauf zur großen Terrasse hinter der Brauerei, zu einem der stimmungsvollsten Biergärten Südböhmens. Darunter liegt der Burggraben, in dem Ziegen grasen, rechts der Blick auf die 300 Jahre alten Eichen, die den Damm des Teichs Svět sichern. Das Bier wird in einem hölzernen Ausschank gezapft. Wer einen Imbiss bestellt, sollte auf Tschechisch zumindest bis 100 zählen können oder sich die Nummer auf seinem Zettel vom Google-Translator ein paarmal vorlesen lassen.

Adresse Brauerei Bohemia Regent, Trocnovské náměstí 124, 37901 Třeboň, www.ceskyregent.cz | Anfahrt von České Budějovice über die B 34 nach Třeboň | Öffnungszeiten Terrasse April – Okt. bei schönem Wetter, Führungen ganzjährig (warme Kleidung nötig), aktuelle Zeiten unter Tel. +420/777357090 oder auf der Website | Tipp Am Masaryk-Platz versteckt sich hinter der Nummer 107 eines der ältesten bürgerlichen Theater des Landes. Das Empire-Theater wurde 1832 erbaut und trägt den Namen des großen Josef Kajetán *Tyl*, der mit seiner reisenden Theatergesellschaft um 1850 die Einheimischen erfreute (Führungen Mo 13.30 Uhr).

105 Die dreiseitige Kirche

Aller guten Dinge sind …

Wenn man sie nach der Suche durch Wald und Wiesen erstmals erblickt, gehen einem die Augen über. Obwohl man das Wasser, das Augenleiden heilen und die Sehkraft verstärken soll, noch gar nicht berührt hat. Denn mitten in der Natur, zwei Kilometer südlich der Stadt Trhové Sviny, steht eine Barockkirche, die ihresgleichen sucht.

Schon im 16. Jahrhundert wusste man vom heilenden Wasser, begnügte sich aber mit einer hölzernen Kapelle. Mit der steigenden Anzahl an Pilgern stieg das Spendenaufkommen, und als dann auch noch die Grafenfamilie Buquoy als Sponsor auftrat, leistete man sich diesen Prunkbau auf der grünen Wiese. Wer der Architekt der Kirche der heiligen Dreifaltigkeit war, weiß man heute nicht mehr.

In diesem barock verspielten Bau begegnet einem immer wieder die Zahl Drei. Die Kirche hat drei Giebel und Türmchen, im Innenraum findet man drei Altäre sowie dreieckige Fenster und drei Türmchen oberhalb des sechseckigen Kreuzganges, der in seinen Umrissen auf zwei übereinandergelegte Dreiecke zurückgeht. Gekrönt wird das trigonale Kirchenschiff durch eine Kuppel, deren Licht durch zwölf Fenster fällt. Zwölf ist die Zahl der Apostel, aber auch die Summe aus der Anzahl der Evangelisten und der Dreifaltigkeit. Das Deckenfresko des Karl Franz Bonanella stellt Gottvater, den Sohn und den Heiligen Geist dar und ist sozusagen das erklärende Bild zum architektonischen Zahlenrätsel.

Nach dem überwältigenden Barockspektakel brauchen die Augen wirklich Erholung, und die findet man zum Glück ausreichend rund um die Kirche. Eine schöne Apfelbaumallee bildet einen wunderbaren Spazierweg in Richtung Stadt. Nimmt man den Pfad durch die Wiese, stößt man auf ein weiß getünchtes Gebäude und hat unvermittelt die ursprüngliche Quelle erreicht. Dort kann man die Augen erfrischen – und sieht: Auch diese Kapelle hat dreieckige Fenster. Und wie viele Seiten? Natürlich drei!

Adresse Svaté Trojice, Kostelní 125, 37401 Trhové Sviny, GPS: 48.823832, 14.632266 | Anfahrt von Trhové Sviny auf der 1545 Richtung Boršíkov, nach etwa zwei Kilometern zu Fuß rechts am Waldrand entlang und auf der Apfelbaumallee zur Kirche | Öffnungszeiten Juli, Aug. Di–So 10–17 Uhr | Tipp Am Stadtplatz von Trhové Sviny (Schweinitz) fand früher der große namensgebende Schweinemarkt statt. Ungarische Schweine wurden durch Österreich getrieben und im Schweineteich in Weitra gewaschen. Dort durften sie noch viel Wasser trinken, um dann auf der Waage schön schwer zu sein.

106 Das befestigte Dorf

Poesie hinter dicken Mauern

Es ist eine Burg, aber doch mehr als das. Es ist auch ein Dorf, aber auch mehr als das. Mit seinen mächtigen Stadtmauern und stolzen Befestigungstürmen vermittelt es von außen urbane Macht und Größe. Im Inneren zeigt sich ein Dorf im Kleinformat, auf engstem Raum zusammengewürfelte Häuser, mit einer Kirche, einem Platz und einer mittelalterlichen Festung. Ein entzückender Ort mit Wohlfühlcharakter.

Diese Anlage wurde bereits im gar nicht so finsteren Mittelalter erwähnt: 1279 wurde sie als »Sonnberg« bezeichnet. Unter den Besitzern wird das Brüderpaar Engelschalk genannt. Schon die Namen sind Poesie. Eine mittelalterliche Festung war damals kein repräsentativer Adelssitz wie in späteren Zeiten, sondern ein Zweckbau, der in Krisenzeiten den Bürgern und Bauern der Region Schutz bieten musste. Aber woher kommt bei so viel Funktionalität diese Schönheit?

Petr Vok von Rosenberg fand Gefallen an dem befestigten Dorf, er übertrug es bald seinem Berater Theobald Hock, der zudem ein bekannter Dichter war. Von ihm wurde die Festung immer mehr zum Schmuckstück im Renaissancestil umgestaltet. Poetisch, wie es sich für einen Dichter gehört. In der eindrucksvollen spätgotischen Kirche, in der zu Zeiten des Protestanten Hock ein verheirateter Priester tätig war, entdeckt man noch heute wunderbare Fresken und das Wappen des Dichters.

Das befestigte Dorf hat in den letzten Jahrzehnten seine Tore weit geöffnet und wurde zum beliebten Ausflugsziel. Radfahrer und Museumsbesucher lieben diesen Ort gleichermaßen. Die Gäste besuchen die Ausstellungen und Feste, machen einen Spaziergang entlang der Dorfmauer zum Teich, wo Bildhauer Figuren zu den zwölf Sternzeichen angefertigt haben. Man sitzt im Gastgarten der Pension Maria, genießt südböhmischen Fisch, Heidelbeerknödel oder ein Bier aus der Dorfbrauerei und fühlt sich wohl in diesem befestigten Dorf, das heute noch Geborgenheit ausstrahlt.

Adresse Žumberk, 37333 Trhové Sviny | Anfahrt von Nové Hrady auf der 156 nach Trhové Sviny, in Zár links abbiegen, noch etwa einen Kilometer zum Ziel, Parkplätze vor der Kirche und der Pension Maria, dazwischen Fußweg zur Festung | Tipp Ein Besuch im Museum der Festung Žumberk lohnt sich. Südböhmische Volkskultur mit Bauernmöbeln und Handwerk – von der Glasherstellung bis zur Teichwirtschaft – sowie eine Daueraustellung zur Geschichte der Festung und der Region warten auf Besucher.

107_Das Industriedorf

Schlot und Kirchturm

Man kann sich beim Reisen durch Südböhmen durchaus an die idyllische Natur, die schmucken mittelalterlichen Städtchen und die Bauernbarock-Höfe gewöhnen. Am Weg nach Velešín würde man Ähnliches vermuten. Ein Kirchturm kündigt ein größeres Dorf an, der Fabrikschlot daneben irritiert zunächst. Dann tauchen mehrstöckige Wohngebäude auf, eine klassische Arbeitersiedlung mitten am Land.

Das facettenreiche Velešín zeigt einen anderen und nicht minder wichtigen Aspekt der Region. Tschechien ist ein Industrieland mit hoch entwickelten Betrieben gerade im Bereich Elektrotechnik und Maschinenbau, und das nicht nur in den Industriezonen rund um die Großstädte, sondern auch an seinen Rändern.

Ein Grund dafür war die Regionalpolitik der ČSSR, die das entvölkerte Südböhmen gezielt industrialisieren wollte, und das durchaus mit Erfolg. Neben Arbeitsplätzen wurde im »real existierenden Sozialismus« mit erheblichen Mitteln eine adäquate Infrastruktur geschaffen: Kinderbetreuungsplätze, öffentlicher Personenverkehr, leistbares Wohnen, ein Kino, ein Kulturhaus, Sport- und Freizeitanlagen, ein Haus der Kinder und Jugend mit ideologischen Bildungsangeboten. Das alles wurde auch in Velešín in großem Stil realisiert. Hier hatte sich jedoch schon vorher als Kristallisationskern der Arbeiterstadt ein Industriebetrieb angesiedelt.

Der Flugzeug-Ingenieur Jan Hans war 1919 aus Wien in seine Heimat Velešín zurückgekehrt und gründete hier ein Metallwerk, das die stürmischen Zeiten überlebte. In den 1980er Jahren erlebte es als Hersteller von Spezialteilen für die Luftfahrt unter dem Namen Jihostroj eine große Blütezeit und gab über 1.000 Menschen im Ort Arbeit. Die Firma existiert bis heute und spielt als Luftfahrt- und Hydraulikspezialist in der europäischen Oberliga. Die Stadt lebt, auch ohne Tourismus. Obwohl man einiges zu bieten hätte, aber das ist in Südböhmen ja fast schon normal.

Adresse Kulturní a informační centrum, Družstevní 596, 38232 Velešín | **ÖPNV** an der Strecke Linz–Budweis | **Anfahrt** auf der E 55 von Budweis Richtung Süden oder von Kaplice Richtung Norden | **Tipp** In die Seitenwand der Kirche am schönen Hauptplatz sind zwei Bürgerhäuser integriert. In einem ist das Informationsbüro untergebracht. Dort wird man zur Burg Velešín geschickt – aber Achtung: Es handelt sich um eine Ruine, alle Ansichtskarten stammen vom nachgebauten Modell, doch auch der verbliebene Rest ist imposant.

108 Die Büchermacherstadt

Kalender für Zeit und Ewigkeit

Ein stark frequentierter Handelsweg führte unterhalb der Burg in die Stadt Vimperk. Also war es nicht ungewöhnlich, dass im Jahr 1484 ein Mann aus Passau mit seinem Wägelchen in die Stadt kam. Ungewöhnlich aber war seine Fracht, eine komplette Druckmaschine. Sein Name: Johann Alakraw. Bald druckte er Texte in Latein und den ersten tschechischsprachigen Kalender. Nicht allzu lange nach Gutenbergs Erfindung.

Ein Zeitsprung: 1855 richtete Johann Steinbrener im Haus seiner Eltern in Vimperk eine Bücherwerkstatt ein. Er begann mit dem Drucken von Gebetbüchern und Kalendern und gründete einen eigenen Verlag. Besonders seine Gebetbücher erfreuten sich großer Beliebtheit, sein »Kalender für Zeit und Ewigkeit« wurde ein Kassaschlager. Die Auflagenhöhe seiner Druckwerke erreichte eine knappe Million. Im Jahr 1900 wurden 490 verschiedene Gebetbücher in elf Sprachen produziert, auch den Koran hatte man im Sortiment, und die Kalender aus Winterberg gingen in die ganze Welt hinaus.

Seine Söhne setzten den Erfolgskurs fort. Man wurde k. k. Hofdruckerei. Die dritte Generation verfügte schon über 1.000 Beschäftigte, die mit 400 Maschinen arbeiteten. Die kleine südböhmische Stadt besaß 1930 die größte Druckerei des Landes. Was konnte diesen Erfolg bremsen?

Ein weiterer Zeitsprung: Nach 1945 erinnerte nichts mehr an die Unternehmerfamilie. Der Betrieb und das Vermögen waren konfisziert worden, die deutschsprachige Familie musste das Land verlassen und als Flüchtlingsfamilie in Österreich wieder bei null beginnen. Ein letzter Zeitsprung in die Gegenwart: Die Familie Steinbrener betreibt im oberösterreichischen Schärding wieder einen Druckereibetrieb. Ihre Spezialität: hochqualitative Gebetbücher. In Vimperk wurde die Straße mit dem Geburtshaus des Gründers nach der Unternehmerfamilie benannt, dort befindet sich auch wieder die Gedenktafel des Ehrenbürgers von 1935.

Adresse Geburtshaus und erste Druckerei: Steinbrenerova 3, 38501 Vimperk | ÖPNV Busverbindungen von Strakonice und Volary | Anfahrt an der Fernstraße 4 von Philippsreut (D) nach Prag und an der 145 zwischen Budweis und Kašperské Hory | Tipp Nur 70 Meter entfernt liegt die Steinbrenerova tiskárna am Stadtplatz (náměsti svoboda) 8 mit einem Ausstellungsraum zur Druckereigeschichte der Stadt. Sie beinhaltet einen Escape-Room der besonderen Art: In einem Rollenspiel kann man mit einigen Zeitsprüngen in die große Vergangenheit hüpfen.

109_Der Bauernbarock

Robin-Hood-Architektur

Den Reichen nehmen, den Armen geben. Dieses Prinzip wurde in Südböhmen in der Architektur mit friedlichen Mitteln angewendet. Anfang des 19. Jahrhunderts begann man hier, die alten Holzhäuser durch Stein- und Ziegelbauten zu ersetzen und die Höfe mit neuen Fassaden auszustatten. Mit einem erstaunlichen dörflichen Selbstbewusstsein bediente man sich dabei der Motive, die für die adeligen und bürgerlichen Prunkbauten in den Städten verwendet worden waren. Erlaubt war, was gefiel: die geometrische Formensprache der Renaissance, runde, verspielte Schnörkel aus dem Barock, griechische Säulen und Verzierungen, wie man sie im Klassizismus liebte. Auch wenn sich die berühmten Barockbaumeister wohl im Grabe umdrehen würden, die heitere Mischung zeugt von einem hervorragenden Geschmack, blühender Phantasie und großem kunsthandwerklichen Können.

Das Bilderbuchdorf Holašovice ist in seiner Geschlossenheit wohl einzigartig. Dennoch sollte man auch den unzähligen anderen Objekten, die sich in fast allen kleinen südböhmischen Dörfern finden lassen, Beachtung schenken. Im Gebiet der sogenannten Soběslavská Blata ist die Dichte an ländlichen Baujuwelen besonders hoch.

Ein schöner Geheimtipp ist Záluží bei Vlastiboř, ein kleiner Ort mit Dorfplatz und Teich. Hier finden sich einige Höhepunkte des südböhmischen Bauernbarocks, und von hier stammt auch Martin Paták, der neben Jan und František Šoch zu den bedeutendsten Volksbaumeistern gehört. Als Sohn eines Baumeisters war Martin Paták in der ganzen Umgebung aktiv. Fast alle Häuser in seinem Heimatdorf zeigen Spuren seiner Tätigkeit. So richtig ausgetobt hat er sich bei den Häusern mit den Nummern 8 und 9. Neben dem Dörfchen Záluží lassen sich auch in den Nachbardörfern Borkovice, Mažice, Zálší, Klečaty und Komárov viele Beispiele dieses fröhlichen Baustils entdecken – was zeigt, dass auch Schönheit ansteckend sein kann.

Adresse Záluži 8 und 9, 39201 Vlastiboř-Záluži | Anfahrt auf der 3 von Veselí nad Lužnice Richtung Soběslav, bei Řipec links auf die 159, durch Dráchov, etwa sechs Kilometer zum Ziel | Tipp In der Schmiede von Záluži, wo sich die beiden Straßen 159 und 135 kreuzen, ist eine Ausstellung alter Werkzeuge zu sehen. Im angrenzenden Haus wurde eine Puppenausstellung eingerichtet, und außerdem sieht man noch eine »schwarze Küche«, in der direkt über dem offenen Feuer gekocht wurde.

110 Das Museum in der Schule

Mensch und Fisch

Bevor man einen Karpfen geräuchert, paniert, gekocht, mit Pilzen gefüllt, von Mohn oder Knoblauch umgeben auf den Tisch stellen kann, muss er erst einmal heranwachsen. Als K0 beginnt sein Leben im kleinsten, sogenannten Brutteich, als K1 schwimmt er ein Jahr später bereits in einem etwas größeren Gewässer seine Runden. Dann kommt er in den größten Teich und darf dort noch zwei bis drei Jahre seinen Vorlieben nachgehen. Behütet und gefüttert wird er von einem Teichwirt, der seinen Beruf vielleicht in Vodňany erlernt hat.

Denn die Střední rybářská škola in Vodňany ist die einzige Schule sowohl in der Tschechischen Republik als auch international, an der man Teichwirtschaft und Fischerei erlernen kann – und das bereits seit 1920. Ihre Gründung wurde bereits 1898 vor allem durch die Südböhmische Fischervereinigung forciert. Die Umsetzung erfolgte während des Ersten Weltkriegs. Ein Jahr nach der Gründung wurde eine große Teichlandschaft angelegt, die den Schülern für den praktischen Unterricht zur Verfügung stand. Kein halbes Jahrhundert später wurden die Teiche vergrößert, um dem großen Ansturm der Studierenden gerecht zu werden. 1996 kam zu den bestehenden Zweigen die dreijährige »Fishermen's School of Water and Ecology« hinzu.

Die Schule beherbergt aber auch das Museum der Teichwirtschaft, hier wird ihre Geschichte mittels historischer Exponate beleuchtet. Liebhaber der Fischerei werden begeistert sein, wenn sie den Raum mit den vielen Angelruten und Fischgefäßen betreten. In 20 Aquarien können über 100 – nicht nur heimische – Fische beobachtet werden. Das absolute Highlight ist der Süßwasserrochen, der sich hier sehr wohlfühlt und erfolgreich vermehrt. Außerhalb des Gebäudes findet man zwei interaktive Lehrpfade. Der eine führt in die Welt der Aale, der andere erlaubt dem Besucher interessante Einblicke in die Forschungsgebiete der Wissenschaft zum Thema Wasser.

Adresse Střední rybářská škola, Zátiší 480, 38901 Vodňany | Anfahrt von Budweis über die 20 (E 49) nach Norden bis kurz nach Vodňany, links in die 22, dann den 1. Weg links nehmen | Öffnungszeiten Juli, Aug. Di–So 9–15 Uhr | Tipp Die listigen Vodňanyer ließen sich das Pflastern des Stadtplatzes gleich zweimal von Kaiser Ferdinand III. bezahlen. Sie führten ihn bei jedem Besuch über den nassen, kotigen Platz und behaupteten, das Geld reiche nicht. In Wahrheit hatten sie die Straßen rund um den Platz bereits erneuern lassen.

111 Die Allee

Die »Tunnel« von Südböhmen

Das Wort Allee leitet sich vom französischen Verb »aller« ab, das bedeutet auf Deutsch einfach »gehen«. Als Allee bezeichnete man im 17. Jahrhundert die mit Bäumen beschatteten Wege der französischen barocken Schlossgärten. Der neue architektonische Stil mit seinen geradlinigen Wegen wurde am Reißbrett von Meistern ihres Faches entworfen und hielt bald Einzug in alle europäischen Hofgärten.

Napoleon Bonaparte griff bei seinen Feldzügen diese Idee wieder auf und ließ zahlreiche Alleen pflanzen, um Soldaten und Pferde vor der Sonne zu schützen. So sorgte er dafür, dass nicht nur die Gartenwege, sondern alle von Bäumen gesäumten Straßen von nun an Alleen genannt wurden. Immer mehr Handelswege wurden bepflanzt, um Reitern, Postkutschen und Droschken im Sommer Schatten zu spenden. Im Winter sorgte ein dichter Baumbestand für eine Art Sogwirkung, die die Allee schneefreier als andere Straßen hielt.

Der Modernisierung der Straßen in den 1950er und 1960er Jahren mussten viele Alleen in ganz Europa weichen. In Südböhmen sind jedoch unzählige erhalten geblieben und geben dem Landstrich bis heute seinen unverwechselbaren Charakter. Sie sind nicht nur eine Augenweide, sie fördern auch die Artenvielfalt. Die Allee von Žár mit ihrem Eichenbewuchs ist nur ein Beispiel von vielen. Manche sind von Linden gesäumt, andere von Eschen und wieder andere von Ahornbäumen oder Rosskastanien. An vielen Straßenrändern wachsen auch Obstbäume, an denen Äpfel, Birnen oder Kirschen reifen.

Die zum Gewölbe gewordenen Bäume leuchten im Frühling mit ihrer weiß bis rosa getönten Blütenpracht, im Sommer bekennt die eine oder andere Frucht bereits ihre Farbe und schimmert durch das immer dunkler werdende Grün. Im Herbst sind es die gelben und roten Blätter, die dem »Tunnel« in der Abendsonne die schönsten Schattenspiele entlocken. Und im Winter zeigen die Bäume ihr wahres Ich, sie sind die Lungen der Erde.

Adresse Straße 15414, 37401 Žár | **Anfahrt** von Nové Hrady auf der 156 Richtung Nordwesten, rund um Žár viele kleinere und größere Alleen, 15414 kurz vor dem Teich links | **Tipp** In der Gegend rund um Slavonice findet man Apfelalleen, die vor allem im Mai bestechend schön sind.

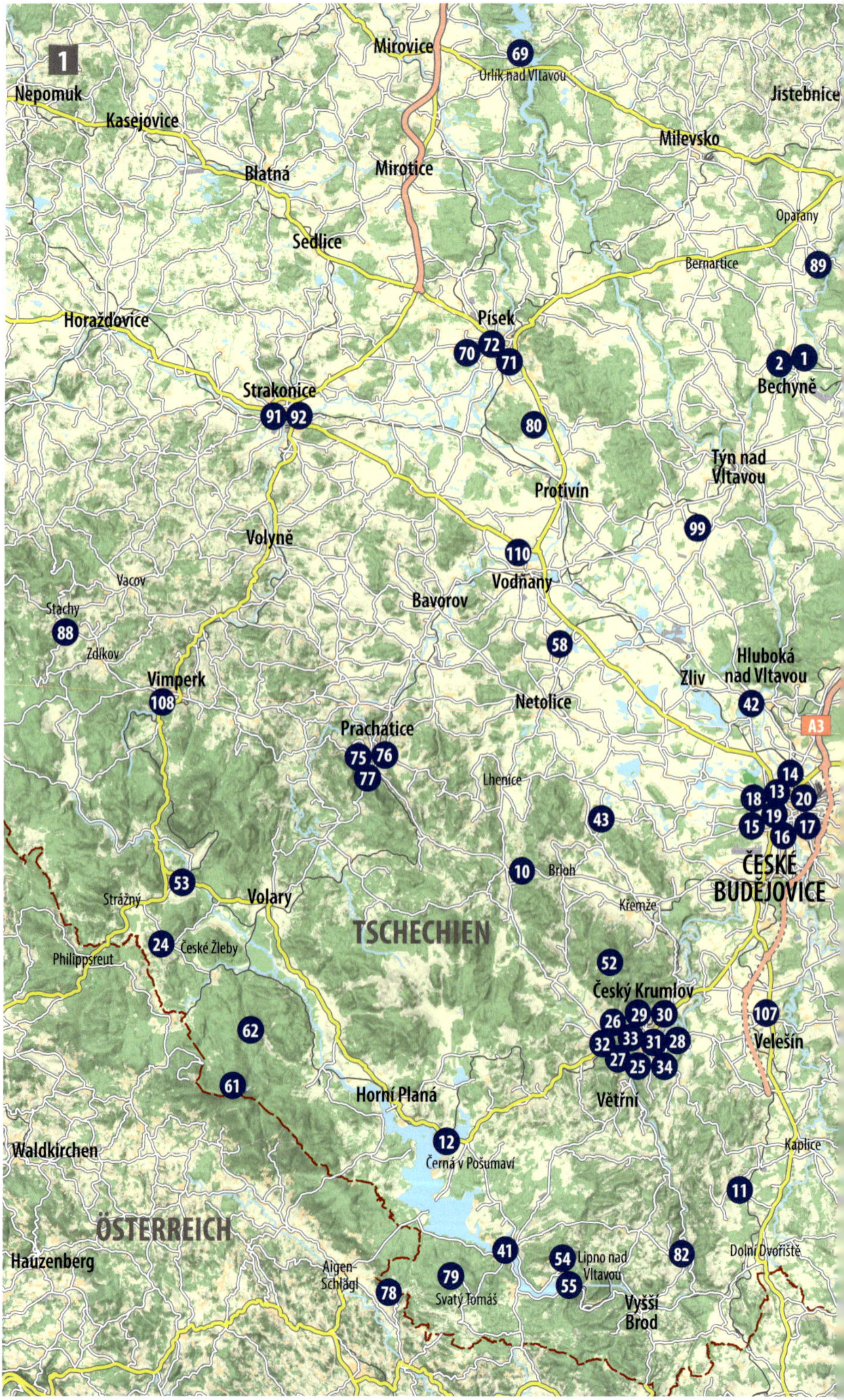
1
Nepomuk
Kasejovice
Blatná
Mirovice
69
Orlík nad Vltavou
Jistebnice
Milevsko
Mirotice
Sedlice
Opařany
Bernartice
89
Horažďovice
Písek
70
72
71
2
1
Bechyně
Strakonice
91
92
80
Týn nad Vltavou
Protivín
Volyně
99
110
Vodňany
Vacov
Bavorov
Stachy
88
Zdíkov
58
Hluboká nad Vltavou
Zliv
Vimperk
108
Netolice
42
A3
Prachatice
75
76
77
Lhenice
14
18
13
20
19
15
17
16
43
10
Brloh
České Budějovice
53
Strážný
Volary
Křemže
TSCHECHIEN
24
České Žleby
Philippsreut
52
Český Krumlov
29
30
26
107
62
32
33
31
28
Velešín
27
25
34
61
Horní Planá
Větřní
12
Černá v Pošumaví
Waldkirchen
Kaplice
11
ÖSTERREICH
41
54
Lipno nad Vltavou
82
Dolní Dvořiště
Hauzenberg
Aigen-Schlägl
79
78
55
Svatý Tomáš
Vyšší Brod

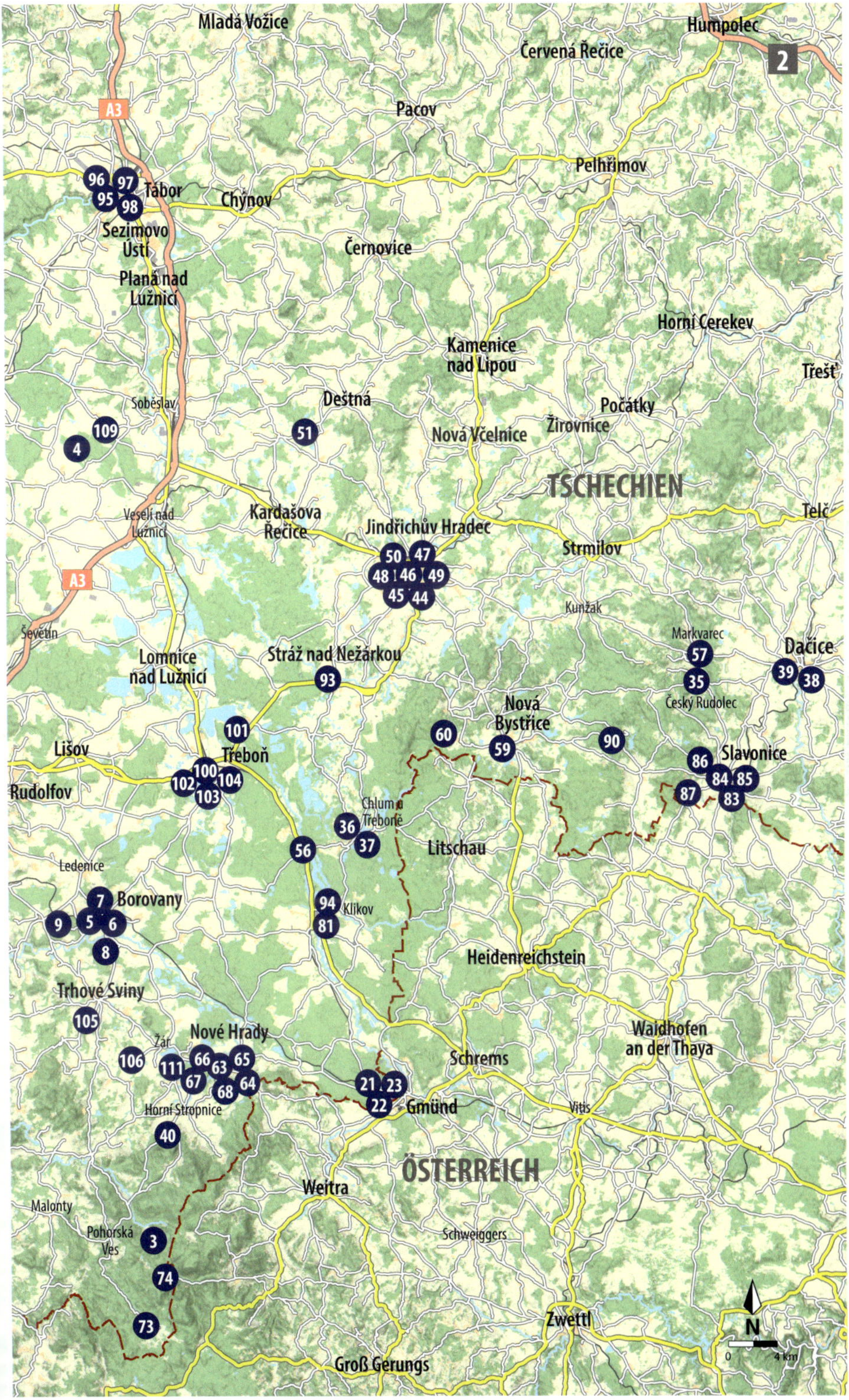
2
Mladá Vožice
Humpolec
Červená Řečice
Pacov
A3
Tábor
Chýnov
Pelhřimov
Sezimovo Ústí
Planá nad Lužnicí
Černovice
Horní Cerekev
Kamenice nad Lipou
Třešť
Soběslav
Deštná
Počátky
Nová Včelnice
Žirovnice
TSCHECHIEN
Veselí nad Lužnicí
Kardašova Řečice
Jindřichův Hradec
Telč
Strmilov
Kunžak
Ševetín
Markvarec
Dačice
Lomnice nad Lužnicí
Stráž nad Nežárkou
Český Rudolec
Nová Bystřice
Lišov
Třeboň
Slavonice
Rudolfov
Chlum u Třeboně
Litschau
Ledenice
Borovany
Klikov
Heidenreichstein
Trhové Sviny
Žar
Nové Hrady
Waidhofen an der Thaya
Schrems
Horní Stropnice
Gmünd
Vitis
ÖSTERREICH
Weitra
Malonty
Pohorská Ves
Schweiggers
Zwettl
N
0
4 km
Groß Gerungs
96 97 95 98 109 4 51 50 47 48 46 49 45 44 57 35 39 38 93 101 60 59 90 86 84 85 87 83 100 102 104 103 36 37 56 7 9 5 6 8 94 81 105 106 111 66 63 65 67 68 64 21 23 22 40 3 74 73

Matěj Černý, Marie Peřinová
111 Orte in Prag, die man gesehen haben muss
ISBN 978-3-95451-927-9

Rudolf Jagusch, Susanne Jagusch
111 Orte im Erzgebirge, die man gesehen haben muss
ISBN 978-3-7408-1406-9

Jörg Dauscher
111 Orte in Danzig, die man gesehen haben muss
ISBN 978-3-7408-1572-1

Jeroen Kuiper
111 Orte in Warschau, die man gesehen haben muss
ISBN 978-3-7408-0978-2

Lena Schraml
111 Orte in Krakau, die man gesehen haben muss
ISBN 978-3-7408-1087-0

Peter Eickhoff
111 Orte in Wien, die man gesehen haben muss
ISBN 978-3-7408-1975-0

Sabine M. Gruber
111 Orte der Musik in Wien, die man erlebt haben muss
ISBN 978-3-7408-1667-4

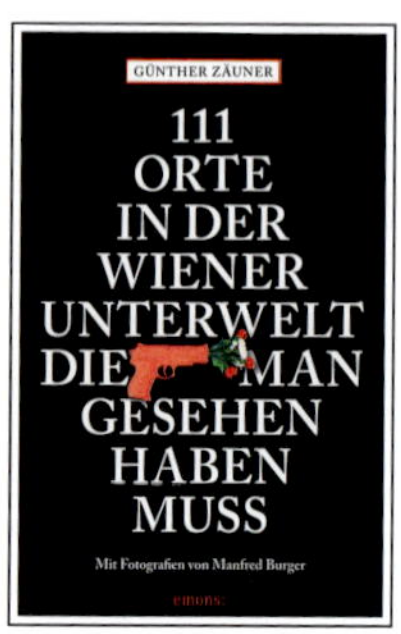

Günther Zäuner
111 Orte in der Wiener Unterwelt, die man gesehen haben muss
ISBN 978-3-7408-1438-0

Sabine M. Gruber
111 Orte in den Wiener Alpen, die man gesehen haben muss
ISBN 978-3-7408-1213-3

Johanna Uhrmann,
Erwin Uhrmann
111 Orte im Waldviertel, die man gesehen haben muss
ISBN 978-3-7408-1666-7

Bernadette Németh
111 Orte rund um den Neusiedler See, die man gesehen haben muss
ISBN 978-3-7408-1652-0

Johanna Uhrmann,
Erwin Uhrmann
111 Orte in der Wachau, die man gesehen haben muss
ISBN 978-3-7408-1668-1

Sophie Reyer
111 Wiener Orte und ihre Legenden
ISBN 978-3-7408-1533-2

Georg Renöckl
111 Orte im Mühlviertel, die man gesehen haben muss
ISBN 978-3-7408-1431-1

Georg Renöckl
111 Orte im Mostviertel, die man gesehen haben muss
ISBN 978-3-7408-1074-0

Gerhard Hohlstein,
Günther Pfeifer,
Franziska Wohlmann-Pfeifer
111 Orte im Weinviertel, die man gesehen haben muss
ISBN 978-3-7408-0843-3

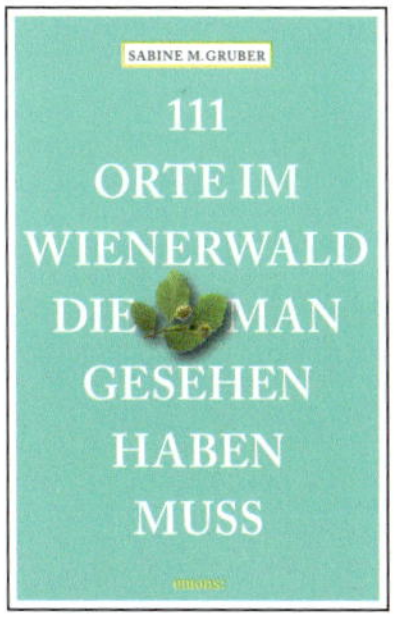

Sabine M. Gruber
111 Orte im Wienerwald, die man gesehen haben muss
ISBN 978-3-7408-0844-0

Daniela Dejnega, Luzia Schrampf
111 Weine aus Österreich, die man getrunken haben muss
ISBN 978-3-7408-0618-7

Neben den Erkundigungsfahrten, die wir gemeinsam unternehmen durften, schon lange bevor der Gedanke an ein Buch entstanden ist, verschlangen wir natürlich jede Menge historischer Schriften und Reiseführer. Ein Literaturverzeichnis würde den Rahmen sprengen, ein paar Empfehlungen möchten wir hier jedoch geben:

Die meisten Städte, auch die kleineren, verfügen über ein Infobüro, sehr gute Reiseführer und auch viel deutschsprachiges Prospektmaterial. Manche Städte werden in eigenen Monografien beschrieben. So sind die Bücher von Vladmír Hokr über Nové Hrady oder das Buch der Stadtgemeinde Jindřichův Hradec äußerst lesenswert.

Sehr zu empfehlen sind die bahnbrechenden historischen Publikationen von Andrea Komlosy und Niklas Perzi, die Reiseführer von Julia Köstenberger, Bernhard Schneider, Milan Koželuh und Johannes Jetschko, die Sammelbände von Thomas Winkelbauer und Oliver Rathkolb, historische Aufsätze von Hanns Haas, Jiří Österreicher, Jiří Petraš und Franz Pötscher, um nur einige zu nennen.

Wir sind sehr dankbar, mit »111 Orte in Südböhmen« nun noch eines hinzufügen zu dürfen.

Ortsnamen und Landschaftselemente

Südböhmen wurde seit dem Mittelalter nicht nur tschechisch, sondern maßgeblich auch deutsch geprägt. In diesem Buch wurden die aktuellen tschechischen Bezeichnungen verwendet, im historischen Kontext aber auch die deutschen Namen. Dieses Glossar gibt einen Überblick, es soll hilfreich sein, kann aber auch als poetischer Nachhall auf die Zeit der Zweisprachigkeit und kulturellen Vielfalt gelesen werden.

Tschechisch – Deutsch

Bechyně – Bechin
Benešov nad Černou – Deutsch Beneschau
Blanský les – Blansker Wald
Borkovice – Borkowitz
Borovany – Forbes
Bujanov – Angern
Bývalý – Muckenschlag
Černá v Pošumaví – Schwarzbach
Červené blato – Rotes Moor
České Budějovice – Budweis
České Velenice – Gmünd Bahnhof (Unterwielands)
České Žleby – Böhmisch Röhren
Český Krumlov – Böhmisch Krumau
Český Rudolec – Böhmisch Rudoletz
Chlum u Třeboně – Chlumetz
Dačice – Datschitz
Dobrá – Voda Brünnl
Dvorec – Wurzen
Frymburk – Friedberg an der Moldau
Hluboká nad Vltavou – Frauenberg
Holašovice – Hollschowitz
Horní Plana – Oberplan
Hůrka – Stuben

Jelení – Hirschbergen
Jilovice – Gilowitz
Jindřichův Hradec – Neuhaus
Kaplice – Kaplitz
Kardašova Řečice – Kardasch Retschitz
Klet' – Schöninger
Klikov – Klikau
Kostelní Vydří – Kirchwiedern
Krásetín – Krassetin
Křemže – Krems (bei Krumau)
Landstejn – Landstein
Ledenice – Ledenitz
Lenora – Eleonorenhain
Lipno nad Vltavou – Lippen
Londýn – London
Lužnice – Lainsitz
Majdalena – St. Magdalena
Malovice – Großmalowitz
Malše – Maltsch
Mařiš – Meires
Markvarec – Markwarding
Netolice – Nettolitz
Netřebice – Netrobitz
Nová Bystřice – Neu-Bistritz
Nová Peč – Neuofen
Nové Hrady – Gratzen
Orlík nad Vltavou – Worlik/Altsattel
Paříž – Paris
Písek – Pisek
Planá nad Lužnicí – Plan an der Lainsitz
Plešné jezero – Plöckensteiner See
Pohoří nad Sumava – Buchers
Pohorská Ves – Theresiendorf
Prachatice – Prachatitz
Radostice – Radostitz

Rapšach – Rottenschachen
Řipec – Ripetz
Rožmberk nad Vltavou – Rosenberg an der Moldau
Selibov – Selibov
Skleněné Hutě – Bonaventura
Slavonice – Zlabings
Soběslav – Sobieslau
Stachy – Stachau
Strakonice – Strakonitz
Stráž nad Nežárkou – Platz an der Naser
Strážkovice – Straschkowitz
Stříbrné Hut – Silberberg
Suchdol nad Lužnicí – Suchenthal
Sudoměřice u Bechyně – Sudomierschitz
Svatý Tomáš – St. Thomas
Tábor – Tabor
Temelín – Groß Temelin
Terčíno Udoli – Theresiental
Třeboň – Wittingau
Trhové Sviny – Schweinitz
Trocnov – Zalluschi
Tušť – Schwarzbach
Velešín – Weleschin
Veselí nad Lužnicí – Wesseli an der Lainsitz
Vimperk – Winterberg
Vitorazsko – Weitraer Gebiet
Vlastibore – Wlastiborsch
Vlatava – Moldau
Vodňany – Wodnian
Voláry – Wallern
Vyšší Brod – Hohenfurth
Žar – Sohors bei Gratzen
Žofínský-Prales – Sophienwald
Žumberk – Sonnberg

Thomas Samhaber Historiker, Autor und Moderator. Die mit seiner Frau entwickelten Ideen garantieren viel und spannende Arbeit zusätzlich zu seiner Forschungstätigkeit zur Geschichte des tschechisch-österreichischen Grenzraums. Seine letzte Buchveröffentlichung war der Titel »Begegnung an der Grenze: Franz Kafka und Milena Jesenská in Gmünd«.

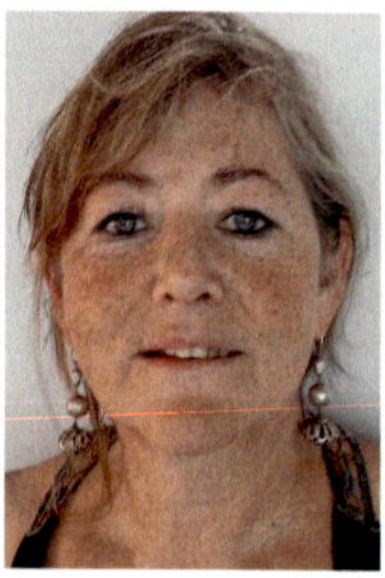

Brigitte Temper-Samhaber führt gemeinsam mit ihrem Mann ihre eigene Firma, setzte unzählige Regions-, Kultur-, Buch- und Ausstellungsprojekte um und leitet ein Textilmuseum. Sie organisierte bereits ab 1990 die ersten grenzüberschreitenden Ausstellungen zwischen Österreich und Tschechien.

Gerhard Schulz ist ein in Wien lebender Oberösterreicher mit Hang zum Waldviertel. Privat und beruflich verbinden ihn mit seiner Frau die Liebe, Familie und Reiselust. Sie kommunizieren in Programmiersprachen. Er liebt Südböhmen, was zum Teil auch am böhmischen Bier liegen kann.

Karin Schulz ist eine Wiener Pionierin im Bereich der Software-Entwicklung und lebt immer mehr im Waldviertel. Sie ist stets auf der Suche nach Ausflugszielen, vor allem für ihre Enkelkinder und hat einen sehr feinsinnigen Blick durch die Linse ihres Fotoapparates.